山崎 明

マツダがBMWを超える日

クールジャパンからプレミアムジャパン・ブランド戦略へ

講談社+α新書

はじめに

「ブランド」には大きく分けて2種類ある。ひとつはコカ・コーラやマクドナルドなど大量販売を狙う一般向けのブランドで、マスブランドと呼ばれている。一方でメルセデス・ベンツやロレックスなど、高価で需要は限られるものの多くの人が憧れるような、いわゆる高級ブランドがあり、それはプレミアムブランドと呼ばれる。

プレミアムブランドといえば、車ならメルセデス・ベンツ、時計ならロレックス、ファッションならエルメスやルイ・ヴィトンなどが思い浮かぶだろう。これらのプレミアムブランドは、ほとんどが欧州のものである。

日本にはトヨタやホンダ、ソニーなど世界中に知られた強力なブランドがあるが、ほとんどがマスブランドである。プレミアムブランドとなると、トヨタのレクサスをはじめチャレンジはしているのだが、欧州ブランドとの差は大きく、世界的には存在感を示すことができていないのが実情である。

なぜプレミアム領域で欧州勢は圧倒的に強いのか。

筆者は、電通の戦略プランナーとして30年以上の経験を積んできた。その経験の中心は、日本を代表するブランドであるトヨタ、レクサス、ソニー、そして欧州プレミアムブランドの代表のひとつ、ＢＭＷである。トヨタは約20年、レクサスは約5年、ソニーとＢＭＷは約10年経験した。日本と欧州を代表するブランド、しかも日欧の代表的プレミアムブランドに長く関わることができたのである。

トヨタの業務では「流面形」セリカを皮切りに、車種ブランドのコミュニケーション戦略を数多く経験した。１９９０年頃の「ドリトル先生」広告から始まる一連のトヨタ企業広告にも戦略プランナーとして関わり、製品としてのブランドと、企業としてのブランドとの違いを考えるきっかけとなった。中でもプリウスを核とする「トヨタ・エコプロジェクト」は、もっとも印象に残る作業である。

トヨタでは海外の業務にも多く関わった。その中で特に印象的だったのは、南アフリカ共和国での業務である。かつて悪名高い「アパルトヘイト」が施行されていたことでわかるように、南アフリカは今でも経済的にはヨーロッパ系白人が支配する社会であり、イギリスやドイツとの交流も深く、ヨーロッパ的な考え方が支配的な国である。南アフリカトヨタの首脳陣も１９６１年の設立以来ほとんど現地白人で、１９８９年にトヨタがロゴマークを制定するはるか以前から独自のトヨタロゴマークを制定し、独自のブランド戦略を展開していたのである。トヨタのヘリテージ（歴史や伝統）も非常に大切にしていて、オフィスには南アフリカにトヨタが進出した当初の車が展示されていた（「スタウト」というピックアップトラックだった）。

ここで欧州人のブランドに対する考え方、スタンスというものを肌で感じることができた。新車のマーケティング戦略構築の助っ人として派遣されたにもかかわらず、ブランド戦略という側面では彼らに学ぶ結果となったのである。

1988〜1989年には、会社の海外研修員としてスイスのIMI（現在のIMD）のMBAコースに1年間留学した。そのとき実感したのが、ヨーロッパの階級社会とそれに結びついたブランドのあり方である。

ヨーロッパでは、どのブランドの車に乗っているかということが、日本人が考える以上に意味を持つ。エリート意識の高い欧州出身のクラスメートはブランドごとのユーザーイメージが明確で、その差を大いに語り合っていた。クラスメートはMBAを取得してキャリアアップを果たすと、ほとんどがメルセデス・ベンツ、BMW、ポルシェのいずれかに乗り換えた。車が自分の社会的ポジションを示すため、ブランド選択がきわめて重要なのである。

レクサスブランドに関しては、2001年の韓国市場導入から関わった。このとき、アメリカでの導入成功事例を深く分析し、当時のTMS（Toyota Motor Sales：アメリカのトヨタ販売会社）やロサンゼルス市内のレクサスディーラー数店にもヒアリングに行った。韓国ではアメリカの成功事例をベースとした製品寄りの導入戦略とし、まずまずの成功を収めることができた。その後2005年の日本導入にも関わったが、本文で詳細に触れるが非常に問題の多い船出であり、プロジェクト途中からの参加だったためすでに決定している事項が多く、戦略担当としては不満の残る業務となった。

翌2006年に、BMWのブランド担当エージェンシーになったばかりのフロンテッジ（ソニーと電通とのジョイントベンチャーの広告会社）に出向し、BMWとミニに深く関わることになる。早々にミュンヘンに出張し、BMWが保有するBMW、ミニ、ロールス・ロイスの各ブランドに関する徹底したブランドトレーニングを受講した（ロールス・ロイスは担当ではないが、受講の機会を与えられた）。これを皮切りにBMWのブランド世界にどっぷり浸かることになるが、そのブランドに対する筋《すじ》の通った考え方、すべてのステークホルダーにブランド理念を徹底的に浸透させる方法など、目から鱗《うろこ》が〝何枚も〟落ちることとなった。欧州ブランドの強さの源泉に心底から感じ入ることとなったのである。

フロンテッジではその親会社であるソニーにも携わり、中でもテレビ（ブラビア）とPC（VAIO）に深く関わった。ソニーは日本企業としては珍しくプレミアム的な資質を持ち得るブランドといってもよいと思うが、BMWを経験している身としてはブランド面での戦略性のなさには落胆させられた。

一方で、私生活では小学生の頃からポルシェに憧れ続け、40代になって実際に手に入れることができ、高い満足感を味わいつつ15年にわたって保有した。１９８９年式の空冷９１１カレラから最新のボクスターＧＴＳまで、さまざまなポルシェに乗った。この間に多くのポルシェオーナーと知り合うことができ、彼らに共通するブランド愛とブランドへのこだわりを実感した。ポルシェ専門メカニックとも親しくなり、技術的な知識も得ることができた。今では思うところがあってポルシェを降りたのだが、それが結果として、それまでの自分自身のブランドへの意識を客観的に捉え直すことにつながった。

ブランドに深く関わる業務経験と個人的実体験から、日本ブランドが欧州プレミアムブランドに対抗できない理由が筆者なりに明確になってきたのである。

ＢＭＷはなぜ、現在の高いブランドイメージを獲得できているのか。日本で普通に暮らしていると、欧州ブランドは昔から高いブランドイメージがあったような気になるが、ＢＭＷの業務に携わることで、それが彼らの戦略と努力の結果であることがわかった。また、その地位に胡座《あぐら》をかくことなく、製品のレベルアップとともにブランドイメージの維持・強化のために多大な努力とコストが注がれていることも見逃すことができない。

トヨタは素晴らしい製品を作っており、高級車レクサスも製品としては素晴らしいが、なぜアメリカ以外では売れないのか。投入から30年近く経っているのに、ブランドの位置づけがなぜいまだに曖昧《あいまい》なのか。その理由も、レクサスとBMWの両方の業務を経験することではっきりとわかってきた。あれだけ光り輝いていたソニーがなぜ凋落《ちょうらく》したのか、それも業務でソニーに直接触れることにより肌感覚で理解できた。

レクサスとBMWの違いを認識したうえで他業界も俯瞰《ふかん》すると、プレミアム領域においては時計業界、ファッション業界、化粧品業界などで日本企業が良い製品を作っても、結局は欧州ブランドにブランドイメージで負けてしまう、という構図がほぼ共通の理由で生まれているように思えてきた。

商品カテゴリーを問わず、日本人は欧州プレミアムブランドが大好きである。しかし、欧州プレミアムブランドがなぜこれだけ強いブランドイメージを築けているのか、なぜ高い価格で喜んで買ってもらえることができるのか、なぜ自分自身も喜んで買っているのか、つまり、プレミアムブランドの本質について、日本人はわかっているようでわかっていないのではないかと感じるようにもなった。

これが筆者が本書を書こうと思ったきっかけである。

日本の製品は、最近綻《ほころ》びも散見されるとはいえ品質が高く、誠実に作られているものが多いと思う。自動車でも時計でも、高級品であっても品質は欧州製品に勝るとも劣らないと思う。しかし、プレミアム領域では、ブランド力のせいで欧州製品より安く売らざるを得ず、かつ販売量でも負けているのが現状である。高品質なものでも安く売ってしまっては、いつまでたってもステータス性は得られず、収益は上げられず、顧客の真の「心の満足」も得られないのである。

いったいどのようにすれば欧州プレミアムブランドのように高収益を上げながら、顧客の心の満足も高めることができるのか。本書では筆者の専門分野である自動車、特にトヨタ・レクサス・BMW・ポルシェと最近筆者が注目しているマツダ（第4章で詳述する）を中心としながら、業務経験を積んだソニーと、業務経験はないものの筆者の興味分野である時計の話も交えつつ、欧州プレミアムブランドの強さの源泉を探り、今までの日本ブランドの問題点を明らかにし、日本発のプレミアムのあり方について考えていきたいと思う。

◉目次

第2章　ヨーロッパのプレミアムブランドはなぜ強い？

第3章　ブランド戦略がない？　日本ブランド

第4章　日本からプレミアムブランドを生み出せるのか

第5章　「日本」というブランドをプレミアムにしよう!

おわりに

第1章　高くても欲しいと思わせるプレミアムブランド

ベンツを買ったら妻もご機嫌に

学生時代の友人から車を買い換えたという連絡をもらった。なんと、思い切ってメルセデス・ベンツを買ったという。車種はCクラスのセダンである。支払総額が500万円を超える高い買い物なので相当悩んだそうだが、踏ん切って買ったということだった。

納車されたあとは本当に満足そうで、そのメルセデス・ベンツに乗っているときの彼はいつも満面の笑顔だ。彼の奥さんは車にまったく興味のない人で、それまでは家の車の名前もわからないくらいだった。しかし、家の車がメルセデス・ベンツになったことでなんだか華やいだ気持ちになったようで、自らも積極的に運転するようになったという。もちろん彼女も笑顔一杯だ。

車としての機能は普通の車と変わらないし、500万円出すのならアルファードなどの大型ミニバンの高級グレードや、より性能が高くサイズも大きく装備も充実したクラウンだって買えるのに、彼はメルセデス・ベンツが欲しかったのだ。そして彼はとても満足している。

メルセデス・ベンツは、なんだか自分自身がグレードアップしたような気分の高揚を人に与える。安全性が高いからとか、高速安定性がいいからなど、合理的な理由も彼は語っていたが、この高揚感、つまり「心の満足」のために彼は500万円を支払ったのだと思う。

おそらく彼は、今後もメルセデス・ベンツに乗り続けることになるだろう。というより、マスブランドの国産車に戻ることに心理的な抵抗を感じるようになるだろう。その「心の満足」は、マスブランド車では得ることができないからだ。

タイムズという駐車場を運営しているパーク24株式会社が、タイムズクラブ会員を対象に「一度は乗りたい憧れの車は何か」という調査を実施している。２０１６年に発表した調査結果ではBMW、フェラーリ、メルセデス・ベンツ、ポルシェ、アウディが上位5ブランドで、63％を占める。この5ブランドの強さは、性別・年齢を問わない。車離れが進んでいるといわれている20代でも1位BMW、2位アウディ、3位フェラーリで、若者もお金がないから無理してまで車を欲しがらないだけで、裕福になったら欧州高級ブランド車に乗りたいのである。

メルセデス・ベンツもBMWも、日本での市場シェアは1％程度にすぎない。ポルシェやフェラーリはさらに少ない。にもかかわらず、多くの人が憧れる高級ブランド、これこそプレミアムブランドにほかならない。

欧州では、広く一般を対象としたブランドはマスブランド、限られた人に優れた製品のみを提供するブランドをプレミアムブランドとして明確に区分している。限られた人しか購入できないプレミアムブランドを実際に手に入れることができた人の満足感は格別だろう。

この「心の満足」を提供することこそ、マスブランドとは違う、プレミアムブランドの真価なのである。

ロレックスとグランドセイコー

ロレックス、エルメス、メルセデス・ベンツなど、プレミアムブランドの製品といえば、普通のものよりかなり高価で、その代わりとても高級な素材を使い、高度な職人の手で作られたきわめて高品質なものであると認識されていると思う。車や時計などの機械ものであれば、「高性能」という点も重要な要素だろう。確かに、プレミアムブランドの製品を見ると素晴らしい出来映えであるし、性能も高い。高価なプレミアムブランドを買うときに、こうした品質や性能の高さを理由に挙げる人は多い。しかしプレミアムブランドを買う人は、本当に高品質、高性能だから買っているのだろうか。

たとえば60万円のグランドセイコーと、ロレックスとしては一番安いクラスの60万円の時計があったとする。もちろん、ロレックスは世界的に評価されている素晴らしい時計だ。ロレックスはすべてがスイスクロノメーター規格（スイスで生産される時計の3％程度しか認定されない厳しい基準。日差-4～+6秒）をクリアしている。２０１６年からは、さらに日差±2秒という独自の社内基準を設けている。

一方でグランドセイコーの機械式時計は、スイスクロノメーター規格より高精度の新ＧＳ規格（日差-3～+5秒）で作られている。このＧＳ規格をクリアした機械式の製品は、40万円から入手できる。最安のロレックスと同じ60万円程度出せば、実際に装着したときにより高い精度が期待できる毎秒10振動のハイビートモデルを買うこともできる（通常のグランドセイコーとすべてのロレックスは毎秒8振動である）。

さらに、グランドセイコーには、機械式時計にクオーツ式の精度を取り入れた「スプリングドライブ」という独自技術を採用した製品も存在する。その秒針の動きのスムーズさには惚《ほ》れ惚《ぼ》れする。精度は日差±1秒である。これも40万円から入手できる。またケースやダイヤルなどの仕上げに関しても、個人的な感想だが、廉価なロレックスよりグランドセイコーのほうが美しいと思う。

機械式時計の精度に関してはどちらも社内規格であり優劣を判断するのは難しいが、同じ60万円の製品で比較した場合、客観的に「ものの良さ」だけを見ればグランドセイコーのほうが上なのではないか……しかし現実には多くの人がロレックスを選ぶのだ。

日本の場合、「ロレックスでは得意先の前でまずい」とか、「日本製品しか買わない」「何でも日本製が一番」という意識の人も少なからず存在するので、グランドセイコーにも一定の需要はある。しかし一歩日本から外に出ると、グランドセイコーの需要はきわめて少ない。置いてある店を探すのも難しいくらいである。正規販売店は全米で30店しかなく、ニューヨークには1店しかない。ロレックスはマンハッタンだけで7店だ。アジアに目を転ずると、シンガポールのグランドセイコー取り扱い店は2店のみ。ロレックスは中心街のオーチャード通りだけで9店もある。

日本でも、「どちらが欲しいか」と聞けば、ロレックスと答える人のほうが多いだろう。おそらくその理由を聞いても、多くの人は明確には答えられないと思う。なんとなく、特に知識があるわけじゃないけどロレックスのほうが良いと思うから、みんなが良いと言っているから、ロレックスのほうが見栄えがするから、周囲に自慢できるから、といったところだと思う。つまり、かなり漠然とした理由で「ロレックスのほうが良い」と思っている人が大部分なのだ。

高級車の世界では、レクサスよりメルセデス・ベンツを選ぶ人のほうが世界的に見れば圧倒的に多い。それも製品自体をしっかり見比べて選んでいるのではなく、高級車を選ぶならメルセデス・ベンツ、と思い込んで選んでいるのだ。

プレミアムブランドに重要なのは特別感や憧れ感といったブランドイメージであり、ものの優劣より、どのブランドであるかのほうが圧倒的に重要なのだ。そうしたブランドイメージというものは、実は知らず知らずのうちに自らの心の中に構築されていっているのである。

トウアレグとカイエン

ポルシェにはカイエンという大型SUVがある。スポーツカーしか作ってこなかったポルシェが初めて世に問うた5ドアモデルである。２００２年のデビュー以来、世界的な大ヒットとなり、デビュー翌年の２００３／２００４会計年度（ポルシェのこの当時の会計年度は８〜７月）には、ポルシェの総生産台数の半分以上を占めるに至ったほどである。

実はこのカイエン、ポルシェが独自で開発した車ではない。フォルクスワーゲンのトゥアレグというＳＵＶの兄弟車として開発されたのである。プラットフォーム（車の土台・基本構造）は共通で、エンジンもベースモデルでは基本的に同じものが搭載されている。

価格はカイエンのほうが高く、ベースグレードで比較するとトゥアレグは６４９万円、カイエンは８９４万円と約２５０万円の差がある（２０１７年6月現在）。この二車、装備レベルにも差があり、実は安いトゥアレグのほうが標準装備が充実しているのだ。トゥアレグで６９９万円になるアップグレードパッケージとほぼ同水準のカイエンを買おうとすると、さまざまなオプションを加える必要があり、総額１０５０万円以上、差は３５０万円に広がる。基本的に同じエンジンながら出力はトゥアレグの２８０馬力に対して３００馬力と20馬力の差をつけているとはいえ、その価格差はあまりに大きい。

しかしながら、売れているのはカイエンのほうなのである。日本での販売台数は公表されていないのでアメリカの数字を見ると、カイエンはトゥアレグの３・６倍（２０１６年）。日本の場合、もっと差は大きいかもしれない。実質的に同じ車で5割も高いのに、である。

同様に、ポルシェ・マカンはアウディQ５の兄弟車である。こちらのケースも当然のようにマカンのほうが高価になる。マカンの人気も相当なもので、発売当初は納車まで1年以上待たなければいけない状態となった。

つまり、アウディもプレミアムブランドではあるのだが、ポルシェのブランド価値はアウディより高いため、実質的に同じものでもより高く売ることができているわけだ。買う側からすれば、高くても「ポルシェ」を買うほうが心理的満足度が高い（よりステータスを感じる）から、ポルシェを選ぶのである。

セイコーなら3万～30万円？

なぜこのようなことが起こるのだろうか。ブランドにはそのブランドが歴史的に築いてきた価格帯のイメージ、すなわちクラス感のポジショニング（上下関係を表すので、これを「縦軸」のポジショニング、としよう）というものが存在するからである。

たとえば、セイコーといえば普通は3万円くらいからせいぜい30万円くらいまで、というイメージではないだろうか。50万円のセイコーといったらかなり高く感じるはずだ。オメガなら20万円から１００万円といったところか。ロレックスなら60万円から３００万円くらいで、いくらロレックスとはいえ、５００万円を超えたら買う人はぱったり少なくなるだろう。パテックフィリップやブレゲなら最低でも200万円。1000万円以上でもそれほど驚かない。

前述のセイコーとロレックスの事例もこれで説明がつくと思う。この価格帯イメージは、そのブランドを代表する製品の価格を中心に形成されるケースが多い。いったんできあがると、それより安い商品や高い商品があっても、「このブランドだとこのくらい」というパーセプション（認知）はなかなか変わらない。

この「価格帯イメージ」を超えると、どんなに良いものであっても選ばれにくくなる。車でいえば、フォルクスワーゲンならせいぜい400万円くらいまで、という印象だろう。ところが、ポルシェなら1000万円以上で当たり前だ。だからカイエンとトゥアレグのケースでは、中身は同じでも、フォルクスワーゲンで700万円だと高く感じるが、ポルシェで850万円なら割安感を感じるのである。もっとも、多くの人は中身が同じだとは気づいていないのだが。

フォルクスワーゲンとベントレー

フォルクスワーゲンは2002年、フェートンという1000万円級の大型高級車を発売した。上級モデルには技術の粋《すい》を集めたW12気筒エンジンを搭載した力作であった。このフェートン、日本市場には導入されなかったが、発表時のジュネーブ・モーターショーで実車を見ることができた。

各部を点検すると、細部に至るまで非常に高品質に作られており、トランクリッドの開閉機構まで美しく仕上げられているのにはびっくりした。ライバルであった当時のメルセデス・ベンツSクラスやBMW7シリーズと比較すると見るからに質感が高く、ハードウェアの優位性は明らかであった。開発を指揮した当時のピエヒ会長（ポルシェ博士の孫で、技術志向のきわめて強いエンジニア出身）は、1970〜1980年代に地味なブランドにすぎなかったアウディを技術力でプレミアム化してBMWに対抗できるブランドとすることに成功しており、フォルクスワーゲンもプレミアム化を図り、メルセデス・ベンツに対抗できるブランドにしようとしていたのである。

ところが、これがまったく売れなかったのである。年間2万台の生産計画に対してわずか6000台程度という低調ぶりだった。競合のメルセデス・ベンツSクラスの当時の販売台数は年6万台あまりなので、その10分の1。

売れない理由は、ブランドイメージ以外に見当たらない。製品の出来云々より、1000万円を超えるフォルクスワーゲンなどあり得ない、とマーケットが判断したということだ。

面白いことに、話はこれで終わりではない。フォルクスワーゲンはこのフェートンの車台やエンジンを利用して、1998年に買収した「ベントレー」ブランドの新型車を開発したのだ。ベントレーは戦前から名声のある超高級車ブランドである。価格的にはフェートンより大幅に高く設定されたにもかかわらず、大ヒットモデルとなった。これが2003年に発売された2ドアクーペ「コンチネンタルGT」である。

2005年には4ドア版の「フライング・スパー」も発売され、これも大ヒットとなってイギリスのベントレー工場だけでは需要を賄《まかな》いきれなくなり、一時はドイツのドレスデンにあるフェートン工場でも生産を行ったほどである（フェートンは販売不振で生産キャパシティが余っており、基本的に同じ車なので対応が容易だった）。

アメリカでのベントレーの販売台数は、2003年の437台から2004年は2394台と、5倍以上に跳ね上がった。翌2005年にはさらに1000台以上増えて3654台を販売している。ヨーロッパでは、2003年の376台から2004年は3013台と、8倍に跳ね上がっている。2005年にはアメリカとヨーロッパの販売台数だけで、フェートンの販売台数を凌駕《りょうが》するほどのヒットぶりである。

日本での価格は1990万円で、2000万円超が当たり前だったベントレーとしてはとても割安感のあるモデルだった。日本でもベントレーの販売台数は10倍あまりに跳ね上がった。

さらに、100%フォルクスワーゲンの技術で作られた初めてのベントレーでもあったので、それまでのベントレーに比べ信頼性が高く、実用に耐えるモデルだったこともポジティブに受け止められた。以前のベントレーはステータスこそ高かったが、作りが繊細《せんさい》で維持に手間とお金のかかる車だったのだ。これがメルセデス・ベンツよりもっと上のステータス感を求めているものの、面倒な手間のかかるものは嫌という層（つまり、車にこだわりが少ない普通の超富裕層）のニーズと合致した。

日本でも、プロ野球選手や芸能人の間で一時大ブームになった。当時巨人の現役だった清原和博《きよはらかずひろ》選手が買ったことで一気に流行したといわれている。

これも、1000万円のフォルクスワーゲンならとんでもなく高いが、2000万円のベントレーならかなり安く感じるという、製品そのものの出来とはまったく違ったところの判断が売れ行きを決めてしまった事例のひとつである。

マセラティの辛い過去

イタリアのマセラティは、1970年代まではフェラーリと比較的イメージが近い高級ブランドだった。1914年設立で、1947年設立のフェラーリより長い歴史を誇るマセラティは、1960年まではF1でも活躍していた。スーパーカー世代の皆さんであればボーラやメラク、カムシンといったスーパーカーを思い出すだろう。1970年代の価格を見るとフェラーリとほぼ同等（フェラーリでもっとも安いディーノ246GTとマセラティでもっとも安いメラクがほぼ同価格、上位車種も比較的近い）、ランボルギーニの同等車種よりも高い値づけであった。

しかし第2次オイルショックで高性能スポーツカーが売りにくくなった1981年、マセラティは大量生産・大量販売を狙って「ビトゥルボ」という車種を発売したのである。BMW3シリーズと同じくらいの2000ccのコンパクトな車体で、オーソドックスなスリーボックススタイルのクーペで4人乗り、トランクも実用的という車種だった。価格も従来のマセラティ車の半額程度であった。

これは狙い通りヒット作となったが、それがかえって仇《あだ》となってそれからしばらくの間、マセラティ車のほぼすべてはこのビトゥルボをベースとしたモデルとなってしまった。そのため、マセラティの価格イメージは下がり、フェラーリとの差はあまりにも明確となった。その後マセラティはフェラーリと同じフィアット傘下となり、フェラーリとエンジンを共有するモデルを出すなど商品も上級シフトしたが、ブランドイメージ的には明確に格下であり、カバーする価格帯もフェラーリが2500万円超なのに対し、900万〜1500万円程度と大きな差がある（これは両社を傘下に収めたフィアットの戦略でもあるのだが）。

このように、高いブランドイメージを持つブランドが、売れるからといって安いラインアップを出し、それがイメージの中心に来てしまうと結果的にそのブランドの価格帯イメージを下げることになってしまうのだ。

メルセデス・ベンツとＢＭＷ

プレミアムブランドには、このようにプレステージ感に直結する価格帯イメージ（縦軸のポジショニング）が重要だが、一方で、キャラクターやテーストの違い（横軸のポジショニングとする：左頁図参照）も実は非常に重要である。

一般的なマス商品のブランドであれば、この横軸のポジショニングはそれほど重要ではない。マスブランドはより多くの人に愛され購入されるのが目的なので、へたに個性の強いキャラクターを持ってしまうと好き嫌いが出てしまい、大きなシェアを取りにくくなってしまうからだ。だからコカ・コーラもペプシコーラも、「より多くの人に親しみを持ってもらう」べく、広告キャンペーン等は好意度や話題性の獲得を目指したものになる。マクドナルトやバーガーキングでも同様だ。トヨタと日産も基本は同じだろう。であるから、「ブランド・アイデンティティ」といってもその差は大きくない。

マスブランドのブランディングとは、極端にいえば「認知と好意度の獲得」とほぼ同義なのだ。

しかし、プレミアムブランドとなると話は違ってくる。なぜなら、プレミアムブランドの選択は、自らの社会的ステータスをはじめ、「自分がどんな人なのか」を表現することに直結するか

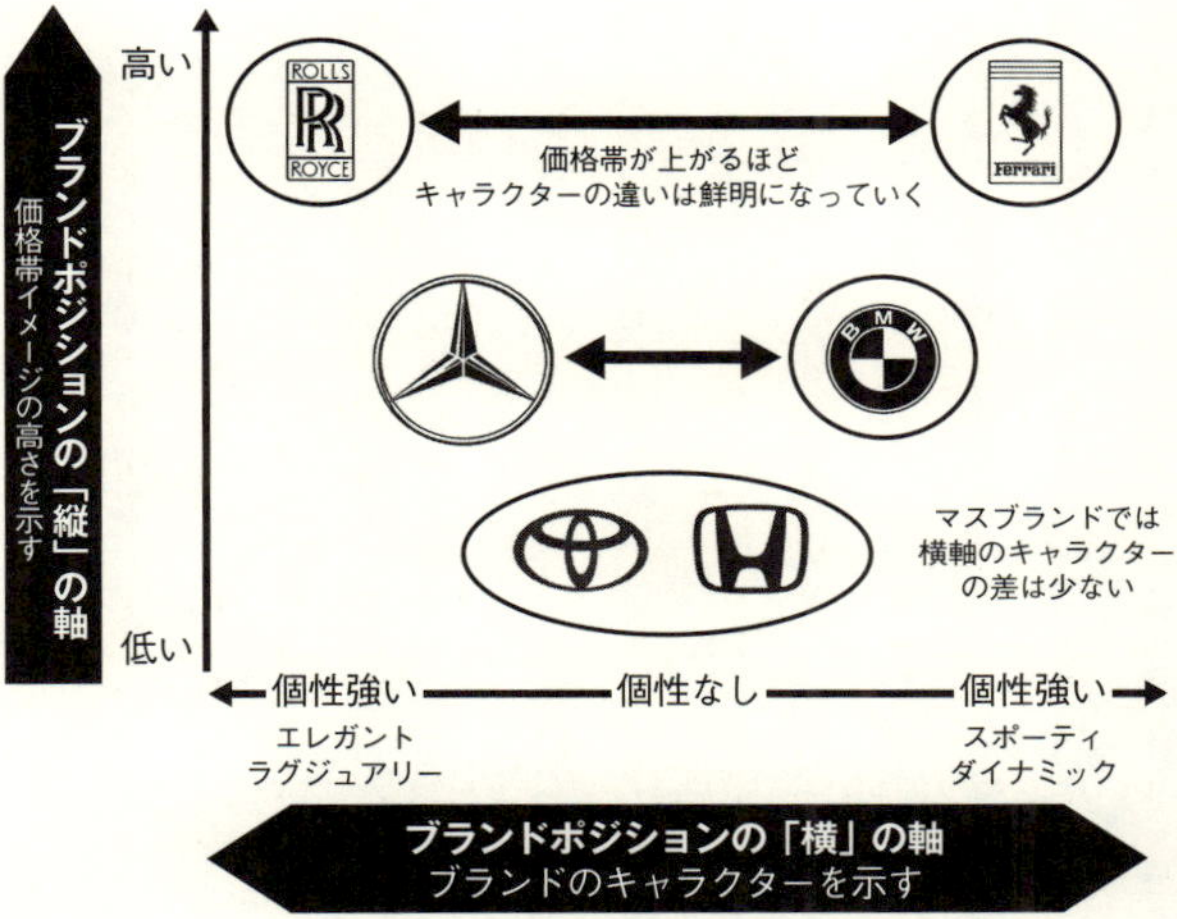

らだ。

「そのブランドを持っている自分」が他人の目にどのように映るかを意識しながら選ぶのがプレミアムブランドである。だからブランド・アイデンティティはそのユーザー自身のアイデンティティともつながるのだ。

　マス商品であるコカ・コーラのファンは、その味になじみがあるだけで、コカ・コーラを飲むことで自分の社会的ステータスやライフスタイルやキャラクターを表現しているなんて夢にも思わないだろう。逆に、レストランやバーでドン・ペリニヨンを注文する人は、「その味に惹《ひ》かれて」という理由だけで注文しているだろうか？

　縦軸のポジショニングでは、経済力や社会的な地位など、まさに「ステータス＝縦のポジション」を表現することができる。これは人が経済的に豊かになるとまず差別化したくなる要素だ。しかし人間の「差別化ゲーム」はここで終わるわけではなく、同じ富裕層であっても、「どんな富裕層なのか」をさらに表現したくなるのだ。

たとえば自動車の世界では、メルセデス・ベンツが高級車の象徴として君臨しているが、それゆえ同時に高年齢や保守本流、権威主義といったイメージがついて回る。富裕層ではあるが、こういったイメージで見られることを嫌う層が存在する。たとえばおなかの出た典型的な守旧派中高年紳士ではなく、「年齢よりも若々しくて活動的な富裕層」というイメージを演出したいというニーズが存在する。

BMWはメルセデス・ベンツとは異なり、スポーティで運転を楽しむ車と自らを定義し、このような「メルセデス・ベンツユーザーとは違う、アクティブで若々しい富裕層」を演出したい層を狙っている。したがって、最高級の7シリーズであっても同クラス他車に比べて相対的にスポーティで軽快な仕立てとなっている。しかしそれゆえ、堂々とした、重厚感のある佇《たたず》まいを求めるメルセデス・ベンツユーザーの関心を惹くことはできない。逆もまた真なりであり、BMWファンは、基本的にメルセデス・ベンツには見向きもしない。メルセデス・ベンツに乗りたくないからBMWに乗っているのだから当たり前である。

実はメルセデス・ベンツとBMWは、ライバルとはいわれながらも、ブランドスイッチする人はそれほど多くはないし、そもそも真剣に比較検討する人も少ない。「私はメルセデス・ベンツ」と感じる人はずっとメルセデス・ベンツに、「私はＢＭＷ」と感じる人はずっとＢＭＷに乗るのだ。だから、複数台所有する場合でも、メルセデス・ベンツとＢＭＷを同時に所有しているケースは希《まれ》だ。

ブランドスイッチするにしても、自分自身のキャラクターを反映できるブランドにスイッチする。キャラクターの違うブランド間で迷う人は、まだ知識が少なく十分にキャラクターの違いを理解していない人だ。ただし、あえて自らのイメージを変えるためにスイッチする人は存在する。筆者の元会社の先輩で、「俺も50代後半のオヤジになったわけだからオヤジらしい車にするか」といってメルセデス・ベンツに替えた人がいた。これがまさにそのケースにあてはまる。

フェラーリはセダンを作らない

「縦の軸」の位置がさらに上がった領域になると、ブランドのキャラクター、つまり「横の軸」の重要性もさらに高まる。

高級になればなるほど差別化意識がさらに高まり、ありきたりなものでは満足できなくなるからだ。実際、車でも時計でも、超高級領域になると登場するブランド数が増え、そのキャラクターも際立ってくる。悪趣味、ともいえるようなブランドも登場する。

フェラーリはＦ１をはじめとしたモータースポーツのイメージが強く、今まで超高性能スポーツカーしか生産していない、きわめて正統な高級スポーツカーブランドだ。

そのキャラクターゆえ、フェラーリは正統派のスポーツカーしか作れない。２０１１年に四輪駆動の４人乗りスポーツカーを登場させたが、おそらくこのあたりが限界だと思われる。

イギリスのアストンマーティンやマクラーレン、ロータスといったスポーツカーメーカーも、モデル数は多いものの、その強烈なキャラクターゆえに素人目では区別がつかないほどすべてが似通った製品となっている。キャラクターを失うことは、存在価値そのものを失うことになるからだ。

保有資産が10億円を超えるような超富裕層の来場者が多いジュネーブ・モーターショーでは、超高級車をさらに改造してより高性能にしたり、デザインをより個性化したりする業者が多数出展する。筆者の個人的な印象だが、差別化のための差別化を目指した改造をしているものが多く、ごく限られた人のテーストにしかミートしないような悪趣味といってもよい領域の代物《しろもの》になっているものが多い。こうした車は価格も極端に高価なのだが、それはそれで需要はあるのである。

メルセデス・ベンツの危険な賭け

メルセデス・ベンツは、１９９０年代半ばからその車作りの姿勢を大きく変更した。それまでの「最善か無か」というスローガンを取り下げ、全モデルを思い切りコストダウンすると同時に、Aクラスという200万円台の小型車を出したのだ。それ以外のモデルも車作りの考え方を大きく変え、ローコストで高効率・大量生産できる設計とした。

これは当時、「400万台クラブ」という言葉がまことしやかに流布しており、年間400万台以上の生産規模を持たない自動車メーカーは淘汰《とうた》されるといわれていたための対策だった。要するに、質より量を選んだのだ。クライスラーとの合併（ダイムラー・クライスラーとなった）もその目的に則したものである。

しかしこの試みは凶と出た。

1990年代後半から2000年代前半にかけてデビューした車は次々と品質問題を起こしたほか、見た目の品質感も明らかに落ち、古くからのメルセデス・ベンツファンをがっかりさせた。長期耐久性もひどく低下したようで、1990年代まではドイツのタクシーといえばメルセデス・ベンツが定番だったが、近年ではメルセデス・ベンツ比率は大きく落ち込み、今や主流はフォルクスワーゲンとトヨタである。さらに、1997年に鳴り物入りでデビューした小型車Aクラスが転倒問題（緊急回避で急ハンドルを切るとひっくり返ってしまう）を起こしたうえに、2002年に発売されたEクラスでは全車に標準装備された先進のブレーキ・バイ・ワイヤ・システム（ブレーキの動作を電気信号でコントロールする）で不具合を頻出し、安全性にさえ疑問符がついたのである。

しかし面白いのは、ここまで品質低下や不具合が重なったにもかかわらず、この時期メルセデス・ベンツの売り上げはそれほど下がらなかった。それどころか、この間も販売台数は伸びているのだ。ブランドイメージはダメージを受けたものの、販売面はダメージを受けていないのだ。

これはいったいなぜか。多くのメルセデス・ベンツユーザーは品質問題があるにもかかわらず、メルセデス・ベンツを買い続けたからである。

メルセデス・ベンツユーザーの立場で考えてみよう。メルセデス・ベンツの品質が下がったとはいえ、それでＢＭＷやアウディやレクサスに替えるかというと、それでは自らの求める自己イメージから外れてしまう。替えることに対する心理的障壁は想像以上に高いものがある。それで結局、品質に問題があるのはわかりつつ、メルセデス・ベンツを買ってしまうのだ。

つまりブランドイメージ・ブランドアイデンティティの強さというものが、経営のミスを補ってしまったのである。さらには、カバーする価格帯レンジを下げたことで、メルセデス・ベンツに憧れを持ちつつ、それまで買えなかった層が流入し、販売を伸ばすこととなった。メルセデス・ベンツは、この品質問題と商品の下方展開でブランドイメージは損なったものの、商売としては順調だったのである。

ポルシェ911ばかり60台も

往年の名レーシングドライバー、生沢徹《いくざわてつ》氏。１９６４年の第2回日本グランプリでスカイラインＧＴを駆り、わずか1周とはいえ式場壮吉《しきばそうきち》氏が駆るポルシェ９０４をリードし、「スカＧ伝説」を産んだ男である。１９６７年の第4回日本グランプリではポルシェ９０６を駆って総合優勝を成し遂げ、その後彼は、活動の中心を欧州に移し大活躍することになる。その際、日常の足に選んだのがポルシェ９１１だった。

以来、彼はポルシェ９１１の熱狂的ファンである。レーシングドライバー引退後も自らのチームを率いるなどレース活動を続けていたが、それも終えて悠々自適《ゆうゆうじてき》の生活になると、ポルシェ９１１好きの気持ちが一気に高まったようだ。欧州で乗っていて日本に持ち帰った１９６９年式の９１１は手放してしまって行方《ゆくえ》知らずになっていたが、わざわざ探し出したという。発見したときにはかなり悪いコンディションになっていたが、すぐにポルシェ本社に送って新車同様に修復。それに飽き足らず、その９１１が黄色のタルガという仕様だったことから、全世代の９１１タルガ7モデルをすべて黄色で揃《そろ》えてコレクションしたのだ。さらにはまったく同じ仕様（白いボディに真っ赤な内装）の９１１の新車を3台発注して東京とロンドンとモナコにある3軒の自宅に1台ずつ置いたりした。コレクションは増え続け、現在では新旧各モデル合わせて所有する

911はなんと60台以上！になっているらしい。

世界中のメディアから取材依頼が引きも切らず、ポルシェ911の50周年を記念して刊行された豪華本には、生沢氏が複数ページを割いて取り上げられているほどだ。

古いモデルは、どれも修復をドイツのポルシェ本社まで送って行っているため、コンディションは極上。まさにポルシェミュージアム並みのコレクションだ。それらを収めるための倉庫や整備工場、専属のメカニックまで用意している。

生沢氏ほどでなくとも、ひたすらポルシェに乗り続けたり、同時に複数台のポルシェを保有したりする愛好家は多い。ポルシェを買い続けて一度も売ったことがない！　という人もいる（つまり、保有するポルシェが増え続けている）。ポルシェには公式なオーナーズクラブだけで世界中に640あり、メンバー数は18万人に及ぶ。

BMWやメルセデス・ベンツにもコレクターは多い。「カメラのドイ」の創業者である土《ど》居《い》君《きみ》雄《お》氏は世界的にBMWコレクターとして知られていた。土居氏が逝去《せいきょ》されたあとその50台に及ぶコレクションは堺市に寄贈され、現在「堺市ヒストリックカー・コレクション」として公的に保管されている。

時計界でも、かなりの数のロレックス・コレクターが存在するらしい。また、俳優のチャーリー・シーンは、パテックフィリップの時計を相当数集めているということだ。

強力なプレミアムブランドには、このような熱狂的な顧客層が存在する。彼らにとって、そのブランドは単なる「もの」ではなく、その人のエモーションそのもの、さらにいえば、人生そのものなのである。

プレミアムブランドの収益力

プレミアムブランドは強いブランドイメージを武器に高い収益力を誇っているわけだが、はたしてその収益力とはいかほどのものだろうか。

フォルクスワーゲンはディーゼルエンジンの排ガス不正問題でイメージ的にダメージを受けたにもかかわらず売り上げを伸ばしており、２０１６年はトヨタを上回る１０３０万台を販売し、世界一の自動車メーカーとなった。フォルクスワーゲンは多くのブランドを擁《よう》しており、フォルクスワーゲン以外にアウディ、ポルシェ、ベントレー、ランボルギーニ、ブガッティといったプレミアムブランドを保有している（フォルクスワーゲンのブランド戦略については第2章で詳しく解説する）。もちろん、台数的にもっとも売れているのはフォルクスワーゲンブランドの車で、約６００万台を生産し、グループ全体の58％を占める。続いて多いのがアウディで１９０万台、グループ全体の18％である。

ところが、収益を見ると、まったく違った世界が見えてくる。フォルクスワーゲンの収益には

各社が保有し、展開するブランド（乗用車ブランドのみ）

フォルクスワーゲン	トヨタ	BMW	メルセデス・ベンツ
アウディ	レクサス	MINI	マイバッハ
シュコダ	ダイハツ	ロールス・ロイス	スマート
セアト			
ベントレー			
ランボルギーニ			
ブガッティ			
ポルシェ			

中国企業とのジョイントベンチャーである中国事業の数字が含まれないことに注意が必要で、分析は中国生産分の台数は除いて行った（データはフォルクスワーゲングループの２０１６年アニュアルレポートを参照したが、あくまで参考程度のデータとご理解いただきたい）。

さて、中国生産分を除くと生産台数で47％を占めるフォルクスワーゲンブランドだが、グループ全体の収益の13％しか稼いでいない。どのブランドが一番稼いでいるのかといえば、台数では21％しかないアウディで、33％である。

しかし、驚くべきはポルシェである。なんとグループ全体の27％の収益を稼ぎ出している。アウディにも迫る数字だが、ポルシェがどの程度の生産台数なのかといえば、わずか24万台。グループ全体の４％弱にすぎないのだ。

台数１台あたりの収益を見るとどうか。フォルクスワーゲンブランドはわずか１台６００ユーロ強、約８万円（換算レートは２０１８年２月現在）しか稼いでいない。それがアウディに

フォルクスワーゲングループの収益構造

	営業利益 百万ユーロ	生産台数	中国での生産台数	中国を除く生産台数	中国を除く生産台数社内シェア	営業利益社内シェア	一台あたり営業利益	換算レート €1=¥132
Volkswagen（乗用車）	1,869	6,073,310	3,012,664	3,060,646	47.0%	12.8%	€ 611	¥80,607
Audi	4,846	1,903,167	555,777	1,347,390	20.7%	33.1%	€ 3,597	¥474,749
ŠKODA	1,197	1,152,037	327,858	824,179	12.7%	8.2%	€ 1,452	¥191,711
SEAT	153	417,012		417,012	6.4%	1.0%	€ 367	¥48,430
Bentley	112	11,817		11,817	0.2%	0.8%	€ 9,478	¥1,251,079
Porsche	3,877	239,618		239,618	3.7%	26.5%	€ 16,180	¥2,135,749
Volkswagen（商用車）	455	422,047		422,047	6.5%	3.1%	€ 1,078	¥142,306
Scania	1,072	83,940		83,940	1.3%	7.3%	€ 12,771	¥1,685,776
MAN	230	102,127		102,127	1.6%	1.6%	€ 2,252	¥297,277

なると、3600ユーロ（約48万円。ランボルギーニ含む）と大幅に向上する。ポルシェはなんと1万6000ユーロ（約214万円）を超える水準だ。高級車ブランドのベントレーも、ポルシェほどではないが1台あたり約125万円の収益を上げている。

このように、プレミアムブランドの収益力は圧倒的だ。フォルクスワーゲンは、多くのプレミアムブランドを擁しているがゆえに収益を上げることができているともいえる。フォルクスワーゲンがかつてのようにフォルクスワーゲンブランドだけの企業だったら、ディーゼル・スキャンダルに対応できなかったかもしれない。

このようにプレミアムブランドは、うまく育てることができれば販売量は少なくても高い収益力を持つことができるのである。

次の章では、この欧州プレミアムブランドがどのようにしてブランドイメージを形成し、高い収益力を得ることができているのか、その秘密を探っていきたい。

第2章　ヨーロッパのプレミアムブランドはなぜ強い？

メルセデス・ベンツの矜持

強力なプレミアムブランドは、いかにして今の地位を得ることができたのか。

プレミアムブランドの中でも、時計界ではロレックス、自動車界ではメルセデス・ベンツが特に抜きんでた存在であることに異論のある人はいないだろう。まずはこの2社が、いかにして現在の地位やイメージを獲得するに至ったのか、その歴史をたどりながら考察していきたい。

メルセデス・ベンツは自他ともに認める「自動車を発明した会社」である。1886年にカール・ベンツが初めて原動機付き三輪車を完成させたといわれ、自動車の特許を取得している。この原動機付き三輪車はメルセデス・ベンツ博物館の見学コースの最初の部屋に置かれており、メルセデス・ベンツには自動車を発明した会社としての矜持《きょうじ》がある。

1926年、ベンツ社はダイムラー社と合併して、社名はダイムラー・ベンツに、商品名はダイムラーが使っていたメルセデス（ダイムラー社のディーラーを営んでいた富豪の娘の名前だった）を組み合わせて「メルセデス・ベンツ」としたのであった。

この当時、世界各国で数多くの自動車会社が生まれていた。戦前には多くの超高級車専業メーカーが存在しており、小型車や商用車・トラックも作る総合自動車ブランドだったメルセデス・ベンツは、飛び抜けて高級というイメージのブランドではなかった。

このメルセデス・ベンツの名声を高めたのが、モータースポーツでの活躍だった。フェルディナント・ポルシェ博士が設計したSシリーズ（S／SS／SSK）が世界各地のグランプリレース（現在のF1にあたる）で大活躍したのである。レースでの勝利は、製品の優秀性を幅広く知らしめるには絶好のものである。

その評価をさらに高めるきっかけとなったのが、ナチス政権の誕生であった。ナチス政権はメルセデス・ベンツ770などの高級・高性能車を愛用した。これはヒトラーが貴族的な高級感よりも絶対的な性能の高さを好んだからといわれている。

1932年には、当時の日独の密接な関係から、昭和天皇の御料車《ごりょうしゃ》として770が7台納入された。この御料車の1台はメルセデス・ベンツ博物館に展示されている。日本では昔から「ベンツ＝高級車」のイメージが他国より強いが、この御料車の存在もその一因と考えられる。ちなみにこの御料車の前はロールス・ロイス、あともロールス・ロイスで、御料車としてメルセデス・ベンツが使われたのはこのモデルだけである（その後ロールス・ロイスを引き継いだのはプリンス自動車が開発したプリンス・ロイヤルである。プリンス自動車については後述する。現在の御料車はトヨタ製）。

ナチスはメルセデス・ベンツのほかに、同様に高い技術を誇ったアウトウニオン社も支援した。アウトウニオン社は4つの自動車会社（ホルヒ、アウディ、ヴァンダラー、DKW）が合併してできた会社で、そのマークは4社を表す4つの円を連ねたものである。このマークは現在では4つの円のひとつであったアウディに引き継がれている。

ナチスは国威発揚のためにモータースポーツに力を入れた。開発に国家予算を投入し、世界を転戦するグランプリレースでは銀色に塗られたメルセデス・ベンツとアウトウニオンのレーシングカー(「シルバーアロー」と呼ばれた)が席巻《せっけん》した。

ダイムラー・ベンツ社は航空機エンジンにも力を入れており、第2次世界大戦におけるドイツ軍の名戦闘機、メッサーシュミットBf109にはダイムラー・ベンツ製のエンジンが搭載されていた。このように、ナチス政権下でダイムラー・ベンツ社は高度な技術を蓄積していくのである。

戦後、ドイツは東西に分割され、アウトウニオン社の本社のあったケムニッツは東側にあったため、アウトウニオン社はソ連によって解体されてしまう。その後西側で復活するものの(現在のアウディ)、戦前からの高度な技術を継承するメーカーはダイムラー・ベンツ1社となった。日本同様、戦後ドイツは飛行機の生産を禁じられたため、ダイムラー・ベンツは自動車の生産に集中することとなる。

戦後9年が過ぎた1954年、メルセデス・ベンツは満を持してモータースポーツの世界に復帰する。革新的F1マシンのW196や先進技術満載のスポーツカー300SLRといったマシンで登場するやいなや、またもモータースポーツの世界を席巻してしまうのである。この大活躍は、1955年のル・マン24時間レースで300SLRが観客席に飛び込み多数の死傷者を出す事故を起こしたことで終焉《しゅうえん》を迎える。このあと長らく、メルセデス・ベンツはモータースポーツの世界から遠ざかるが、圧倒的な強さは神話として語り継がれていくことになる。

モータースポーツの世界からは撤退したものの、その完璧主義ともいえる開発姿勢は安全性の向上に向けられた。1960年代からさまざまなクラッシュテストなどに取り組み、独自の安全設計哲学を育んでいった。そしてメルセデス・ベンツの車は見るからに頑丈で、ドアを開閉しただけでその剛性感を感じることができるようになった。

その安全思想は、広告をはじめとしたコミュニケーションによって広く訴求された。1980年代まで、モーターショーのメルセデス・ベンツのブースではクラッシュテストでつぶれた車が展示されていたものだ。

メルセデス・ベンツの車作りは、豪華というよりは質実剛健で、その品質の確かさと耐久性、安全性の高さ、そしてモータースポーツでの最強神話により、1960年代にはある程度の量産規模を持ちながら世界的に通用する高級車メーカーとして唯一無二の存在となった（後述するが、当時はBMWもアウディも高級車メーカーとはいえない存在だった。また、アメリカにはキャデラック、リンカーンがあったが、あくまでアメリカローカルな存在というべきだろう）。こうしてメルセデス・ベンツは、高級車の「定番中の定番」となり、世界中の富裕層に支持されるようになっていったのである。

１９８０年代以降はモータースポーツ活動にも復帰した。１９８９年にはル・マン24時間レースに優勝。シルバー一色で塗られたマシンは、往年のシルバーアローを思わせるものだった。２０１０年からは「メルセデスＡＭＧ」としてＦ１に本格的に復帰し、ここ数年は圧倒的な強さで他チームを寄せつけず、２０１４年から４年連続のチャンピオンとなっている。特に２０１６年は21戦中19勝という圧倒ぶりであった。これがさらなる技術とステータスへのイメージ強化につながっている。安全性の分野でも、現在自動運転技術にもっとも積極的に取り組むメーカーのひとつだといえる。

メルセデス・ベンツは今や、安全性の徹底的追求とモータースポーツでの比類なき強さという２つの軸で、自動車界のもっとも優れたブランドの地位を揺るぎなきものとした。だからこそ、長年にわたって世界中で富と成功の絶対的なシンボルとして君臨し続けているのである。それゆえ、第1章で触れた通り一時期コストダウンと量販を狙って失敗してもそのブランドイメージは大きく揺るがずに済み、現在では本来の強みに立ち返った製品開発でそのイメージの維持・強化を推進し、成功者のシンボルとしてのポジションを確固たるものとしているのである。

第1章の冒頭で触れたメルセデス・ベンツを買った筆者の友人は、メルセデス・ベンツの歴史について詳しく知っているわけではないし、モータースポーツにも関心はない。しかし結果として、世界レベルで確立されているメルセデス・ベンツの社会的なブランドポジションによって、満足感を得ているのである。

ロレックス名声の由来

メルセデス・ベンツは、自動車を発明したという出自とその後の実績で今の地位を手にしたが、ロレックスは、優れた製品というだけでなく、巧みなブランド戦略によってその圧倒的な地位を得たといっていい。

実はロレックスは、スイスで生まれたブランドではない。ロレックスの出自はイギリスのロンドンである。ドイツ人のハンス・ウィルスドルフが義兄弟アルフレッド・デイビスとともにロンドンで１９０５年に興したウィルスドルフ＆デイビスという名の時計商社がその始まりだった。あくまで商社であって、時計を作る会社ではなかったのである。

彼は、事業を拡大するためにムーブメント（時計の内部機械）をスイスのジャン・エグラー社に発注し、自社ブランドの時計を売るようになった。時計商人として時計の知識が豊富だったハンスはエグラー社にいろいろ注文をつけ、その結果エグラー社のムーブメントの性能が上がり、腕時計用ムーブメントとして世界で初めてスイスクロノメーター検定に合格した。

その自社ブランドの時計を「ロレックス」と名づけ、本拠をスイスのジュネーブに移す。エグラー社もロレックス専業となり、社名をマニュファクチュール・デ・モントレ・ロレックス・エグラーと変更するが、２００４年に所有していたボレ家（エグラー家の親類）がロレックスに譲渡するまでは独立した会社だった。

その後、ムーブメントを納める高性能ケースを探していたところ、オイスターケースを発明したオイスターウォッチカンパニーというイギリスの時計会社の技術に目をつけ、その会社を買収する。そしてそのオイスターケースを使用して１９２６年に発売したのが、世界初の完全防水時計「オイスター」である。

ロレックスは非常に優れた時計だが、それは自社技術で開発されたわけではなかった。ロレックスは、他社の優れた技術を見出してそれをコーディネーションすることで優れた時計を送り出した会社だったのである。結果としてそれらの会社を買収しているので、今では自社技術といって差し支えないのだが。

そして、商才に長けたハンス・ウィルスドルフは、発売したばかりのその防水時計をドーバー海峡横断泳に挑戦する女性スイマー、メルセデス・グライツの腕に着けさせた。１９２７年11月、彼女は横断泳に成功し、ロレックスの時計も15時間以上にわたり海中で正常に作動し続け、その成果を新聞の全面広告で世に知らしめたのである。結果、ロレックスの時計は大評判となった。

さらに1933年には、飛行機でエベレストを越えるという冒険ミッションにもロレックス・オイスターを携行させ、その耐久性と精度をアピールした。

こうしたプロモーション活動はその後も続き、マルコム・キャンベル卿の自動車での速度記録達成チャレンジなどでもロレックスを装着させて、その成果を広告で大々的にアピールした。この速度記録を達成した場所のひとつがアメリカのデイトナビーチで、後の1963年にそれにちなんだ「デイトナ」というモデルが発売されている。

戦後もこのようなプロモーションは続けられ、1953年にエドモンド・ヒラリー卿がエベレストに初登頂した際もロレックスを装着していた。実はこのとき、ヒラリー卿以外のエベレスト挑戦チームにもロレックスは時計を支給しており、どのチームが初登頂に成功してもロレックスのアピールができるようにしていたといわれている。

ロレックスの新聞広告

現在の人気モデル「エクスプローラ」は、このエベレスト登頂のイメージにちなんで開発されたモデルである。1960年にはもっとも深い海溝といわれるマリアナ海溝への潜水ミッションにチャレンジ。特殊な試作モデルを作ってミッションを成功させ、防水時計として名声を博していたロレックスのイメージをさらに確固たるものとした。1971年にはそのイメージを商品化した究極の防水時計、「シードゥエラー」が発売されている。

これら一連のプロモーションはすべて冒険・チャレンジという点で共通しており、ロレックスという時計を「タフで高精度」という明快なブランドイメージに集約することとなった。

このように、まだ腕時計が未成熟だった時代に、ロレックスは「タフで高精度」という時計としての本質的な部分で他社を圧倒するブランドイメージを商品力とプロモーション力によって築き上げ、それを多くの人に認知・浸透させることに成功したのである。そして、ロレックスがきわめて価値の高い時計であるというイメージを「社会的に」確立したのである。

ロレックスは現在でもその地位に胡座《あぐら》をかくことなく、進化を続けている。すべての製品にスイスクロノメーター認定を得るだけでなく、それを大きく上回る日差±2秒という独自基準を新たに設定、それに合致する新しいムーブメントを新開発するなどして時計としての優秀性を向上させているのだ。対外的にそうした進化をアピールすると同時に、F1やヨットレースなどのチャレンジングかつステータス性の高いスポーツのスポンサーとなるなど積極的なコミュニケーション活動を継続し、さらなる認知の拡大とブランドアイデンティティの強化を怠《おこた》らない。

ロレックスのブランド力の維持・管理に対する力の入れようはメルセデス・ベンツ以上である。それゆえに、過去の歴史を知らない新興国においても富と成功のシンボルとして幅広く認知され、富裕層の仲間入りをしたら最初に選ぶべき時計としてのポジションを盤石なものとしている。

BMWイセッタ

安価な小型車メーカー発のBMW

メルセデス・ベンツやロレックスは、その分野において「最高」というブランドイメージを広く一般的に築き上げ、「富と成功のシンボル」となった。では、その分野における絶対的王位ともいえる盤石なイメージを持つブランドに対し、追いかける立場にあるブランドはどのような戦略を取るべきか。

ＢＭＷは、今ではメルセデス・ベンツと並ぶプレミアムブランドとして認知されているが、もともとはそうした位置づけのブランドではなかった。ＢＭＷは長い時間をかけて戦略的に地位を得ることに成功するのだが、その経緯をご紹介したい。

ＢＭＷは、航空機エンジンを作るメーカーとして１９１６年に誕生した。１９２３年にモーターサイクルの生産、続いて１９２９年に自動車の生産を開始するが、最初のモデルはイギリスのオースチン・セブンという７５０ccの小型大衆車のライセンス生産だった。その後、独自開発を行うが、あくまで２０００cc以下の小型車中心のラインアップであった。

戦前のＢＭＷを代表する名車、３２８（２０００cc６気筒エンジン搭載）はモータースポーツで活躍したが、その生産台数は5年間で４６４台にとどまった。さらに、１９３９年にはナチスの命令により自動車生産を停止させられてしまう。航空機エンジンの生産に集中させるためである（モーターサイクルの生産は継続）。

第2次大戦後は疲弊したドイツ経済の状況もあり、イタリアの超小型車イセッタのライセンス生産（エンジンはＢＭＷモーターサイクル用２５０cc）から事実上の復興が始まった。

その後、一回り大きいＢＭＷ６００（６００cc）やその後継車ＢＭＷ７００（７００cc）が加えられたが、どれもモーターサイクル用エンジンを転用した非常に小さいモデルだった。この間、５０１、５０２という高級セダンや５０３、５０７という高級クーペも作られたが、生産台数はごく少数に留まった。

BMW飛躍のきっかけ

1960年代初頭まで、BMWは1000ccにも満たない超小型車がメインで、少数の高級車も作るといういびつな構造の会社であり、その財務状況は厳しいものであった。倒産寸前という状況の中、ダイムラー・ベンツへの身売り話も出たほどである。

BMW1500「ノイエ・クラッセ」

その状況を打破するため、株式の30%を取得した資産家のクヴァント家の資金援助のもと、1961年に当時のメインストリームである1500ccクラスの車を開発したのである。これが「ノイエ・クラッセ」(新しいクラス)というコンセプトで作られたBMW1500である。まったく新しい車台、まったく新しいエンジンとすべてが白紙から設計された。

普通のファミリーセダンとして開発されたが、すべてが新設計だったことが幸いし、後輪に独立懸架サスペンション(当時の車は、左右輪がつながった車軸を使う形式が主流だった)を持ち、エンジンもOHCという当時としては高性能のエンジン形式を採用した進歩的な設計だった。

結果、オーソドックスな4ドアセダンでありながらその走行性能は競合他車を凌駕《りょうが》するものとなり、その後の自動車設計に大きな影響を与えるほどエポックメーキングなモデルとなった。日産が1967年に発売したブルーバード510型はこのBMW1500の設計思想に大きく影響を受けたといわれており、技術的にきわめて類似したものとなっている。

イタリアのミケロッティによる外観デザインはモダンかつエレガントで端正な佇《たたず》まいで、それも高い評価につながってこのBMW1500は大ヒット作となる。エンジンバリエーションは1600、1800、2000と増え、高性能ニーズにも対応していった。

1966年にはこの1500をベースに、廉価でコンパクトボディの2ドア版BMW1600－2（のちに1602と名称変更され、02シリーズと呼ばれるようになる）も追加された。そのスタイリングは1500よりさらに軽快かつスポーティで、走りもいっそうスポーティなものとなり、また大ヒットとなった。


この一連のノイエ・クラッセから始まるモデル群の成功により、赤字にあえいでいたBMWの収益は一気に改善。安定した収益をあげられるようになったのである。

BMWブランドを定義する

ノイエ・クラッセは大成功を収めたが、その後のBMWをどのように導くか。前述のようにノイエ・クラッセ以前のBMWは統一性のない商品ラインアップで、明確なブランドイメージは存在しなかった。

そこでBMWは、この大成功したノイエ・クラッセという製品をたたき台として、BMWというブランドそのものを定義することにした。

ノイエ・クラッセが高く評価されたのは、普通の実用セダンであるにもかかわらず先進メカニズムを持ち、走りがスポーティで運転を楽しめたことにある。このような特質を踏まえ、BMWを「運転を楽しむための車」と定義したのだ。それまでは運転を楽しむといえばスポーツカーであったが、普通のセダンであっても運転を楽しめる、という点がユニークだった。

そしてBMWは、その後発売されるすべてのモデルを、この「運転を楽しむための車」というブランドアイデンティティに則って開発していくと決意する。

当時のドイツ市場は高級車にメルセデス・ベンツ、大衆車にフォルクスワーゲンとオペルとドイツフォードがあったが、どれも実用重視の車作りをしていた。せいぜい、一部にスポーティなモデルがある程度だった。アウディも存在していたが、これもまだ地味な中級実用車のメーカーにすぎなかった。ポルシェはあくまでスポーツカー専業のメーカーだった。その中でブランド全体として「運転を楽しむ」ということを打ち出したＢＭＷは、明確に「横軸」（ブランドキャラクター、第1章参照）での独自のポジションを確立することになったのである。

ＢＭＷのターゲット戦略

ＢＭＷの車は「運転を楽しむ」というブランドアイデンティティを実現するためにサスペンションやエンジンにコストのかかる構造にすることで、通常より高コストになった。つまり、一般的な大衆車より高く売らざるを得なくなったのである。したがって縦軸のポジショニング（価格帯イメージ、同前）はフォルクスワーゲンクラスよりは明確に上に設定する必要があった。

そのため、ターゲット設定は横軸の独自性である「運転が好きでアクティブ」という特性に加え、縦軸では比較的裕福な層、アッパーミドル以上を狙うこととなった。はたしてそんな人はどれだけいるのだろうか。

そこでＢＭＷが考えたのが、グローバルマーケットシェア戦略である。

経済的に豊かでありながら、運転を楽しむようなアクティブなライフスタイルを指向する層が、世界中どこでも一定の比率で存在する。ドイツにも、イギリスにも、アメリカにも、オーストラリアにも、少数ではあるかもしれないが、必ずそのような層が存在するはずだと仮説を立てたのである。

また、そのような人たちの基本的なライフスタイルや好むテーストは、世界のどこに住んでいたとしても共通であると考えた。普通の人よりアクティブで、車以外の生活においても活動的なライフスタイルを送っているであろう。スポーツ好きであろうし、おそらく見た目も実年齢より若々しく見えるであろう。ファッションも、スポーティで垢抜《あかぬ》けた格好を好むに違いない。商品を選ぶにしても、豪華で装飾性の高いものより、上質だがシンプルで飾り気のないものを好むであろう、と仮定した。

BMWは、このターゲット設定をもとに戦略を錬っていった。

ひとつの市場において、幅広いラインアップで大きなシェアを取るのではなく、アイデンティティのはっきりした製品でターゲットを絞り込み、世界中の市場で限られた一部のシェアを取る。当時のBMWの世界シェアは1%程度であったので、仮に販売を2倍にしたとしても2%にすぎないし、そもそも各国の事情に合わせて製品を作り分けられるほどの規模ではないのだから、ロジカルな戦略である。

販売態勢の整備

ごく限られた顧客をターゲットにするわけであるから、車そのものだけでなく、「売り場」をそのターゲットの嗜好にふさわしいものにする必要があった。そこでBMWは、世界各国の販売会社の整備を行った。1972年の南アフリカを皮切りに、販売会社の100%子会社化を進めたのである。

通常のようにローカル資本の販売会社に任せる方式では、本社のブランド戦略を完全に遂行《すいこう》してもらうことは期待できないし、他資本の販売会社は基本的に「お客様」なので、強く出ることができない。場合によっては販売を重視するあまり過激な値引きプロモーションや品のない店頭装飾など、ブランドイメージを損なう行動に出る危険性すらある。

欧州主要市場の販売会社に続いて、1975年にはアメリカの販売会社を100%出資の子会社化し、日本でも1981年に海外メーカーとして初めてのメーカー100%出資の販売会社、BMWジャパンを設立した。BMWジャパンはブランドイメージを強化すると同時に、それまでの輸入車販売会社では考えられなかったようなさまざまな革新的販売施策を打ち出し、日本におけるBMW車の販売はそれ以降急成長を遂《と》げることになる。BMWジャパン設立前は年間3000台ほどだった日本でのBMWの販売台数は、1990年には3万6000台にまで増加した。約10年で12倍にまで増やすことに成功したのである。

各ディーラーの販売店にも徹底したCI（コーポレート・アイデンティティ：企業文化を明確化し、それを表現するデザインやテーストを統一すること）を持ち込んだ。ターゲット層の好みに合うように設定された、白を基調としたクリーンでシンプルかつ高品質なショールームは、世界中どこに行っても同じデザイン・フォーマットで統一されている。インテリアの家具をはじめ、「ＢＭＷらしさ」を維持・強化するために細部にわたるまでさまざまなルールが定められ、壁の色、床の色と素材、天井の高さ、照明の光量、スペック表の展示方法に至るまで徹底された。

ショールーム内の展示車の並べ方にもルールがあり、必ず道路に対して平行に、かつ同じ向きに車を並べなくてはならない。ＢＭＷ車の疾走する流麗なフォルムを外から感じられるようにするためだ。

50年変わらないスローガン

ＢＭＷのブランドスローガン（ブランドの特質を示す短いキャッチフレーズのようなもの）は１９６９年に作られた「Freude am Fahren」（運転の歓び）であり、今でも変わっていない。50年近くもの間、同じスローガンを掲げ続けているのである。

ドイツ以外では意訳されて、イギリスでは「Sheer Driving Pleasure」（純粋な運転の歓び）、アメリカでは「The Ultimate Driving Machine」（究極のドライビングマシン）、日本では「駆けぬける歓び」である。

BMWらしい小気味よい操縦性をどのモデルでも共通して感じられるよう、すべてのモデルでFR（フロントエンジンリアドライブ）と四輪独立懸架のサスペンションを採用した。1990年代に入ってからは、より高いバランスを目指し、すべての車種で前後の重量配分を50：50になるように設計するようになった。実際にエンジンルームを見ると、この重量配分を実現するため、エンジンが車室内に食い込むくらい後方に積まれていることがわかる。そのために前席のフットスペースが少し狭《せま》かったりする。さらなる重量配分改善のため、通常の車ではエンジンルーム内に置くバッテリーを、わざわざ後方のトランクの中に配置するほど徹底している。2000年代半ばに採用された新型6気筒エンジンは、軽量だが高価なマグネシウム合金が採用されているが、これも重量配分改善が目的だ。

走りの個性化だけではなく内外デザインにも「BMWらしさ」とは何かを徹底追求した。ターゲットユーザーの好みに合うよう、シンプルでオーソドックスなスリーボックス型セダンでありながら引き締まったスポーティなプロポーションを持たせたうえで、一目でBMWとわかるようなアイデンティティを追求した。戦前からのBMWのアイデンティティであるフロントのキドニー（腎臓）グリルだけでなく、サイドから見たときの「ホフマイスター・キンク（当時のチーフデザイナーのホフマイスターから名づけられた）」という最後端がフロント側に戻る形のウィンドウラインやドアノブを貫く一直線のラインなど、BMW車のデザインを規定するルールも定められた。

内装も、高性能を予感させるために航空機のコクピットを意識したデザインとし、操作系をドライバーのほうに傾け、航空機に倣《なら》って夜間のメーター照明をオレンジ色にすることも決められた。これらのデザインルールは、一部の例外を除いて今も受け継がれている。

こうした試みの結果、ＢＭＷ車はどのモデルでも一目でそれとわかり、運転すると車種にかかわらず同じ運転フィールを持つようになった。ＢＭＷのデザインや運転フィールが好みであれば、どの大きさ、どのタイプのＢＭＷでも同様の乗り味を味わうことができる。だから一度ＢＭＷのファンになった人は、ライフステージや社会的地位が変わってもＢＭＷに乗り続けることができる。

ＢＭＷは「運転の歓び」というイメージを象徴的に高めるため、モータースポーツ活動にも力を入れた。１９８３年にはＢＭＷエンジンを積んだブラバム・ＢＭＷがＦ１のワールドチャンピオンに輝いた。このＦ１用エンジンはＢＭＷ１５００用のエンジンを祖とするもので、近代Ｆ１では唯一、市販車用エンジンを土台としている。また、１９９９年にはル・マン24時間レースにも優勝している。

モータースポーツ直系の高性能車、Ｍモデルもラインアップに加え、モータースポーツイメージと市販車とのリンクも取った。

コミュニケーションにおいても、個々のモデルの訴求よりもＢＭＷとしての共通の設計思想や特性をメインとしたものを中心として据《す》えることで、「運転の歓び」を標榜《ひょうぼう》するＢＭＷのイメージは世界中に浸透していった。

客を「シンパ」にする

ＢＭＷはもちろん客を大切にするが、客に媚《こ》びるようなことは基本的にしない。客の言うことに耳を傾けることはあるが、それに素直に従うことはあまりしない。ＢＭＷはユーザーに意見を聞くような調査は最低限しか行っておらず、調査好きのトヨタとは対照的である。

この理由は、ＢＭＷの価値を作っているのはＢＭＷであって客ではない、という信念からである。ＢＭＷ自らが信ずるものを作るということが基本にあって、客はそれに共感し、自分の価値観と重ねてそのブランドのファンになるのである。あくまでブランドが客をリードしていくという形だ。

これはＢＭＷに限らず、強いプレミアムブランド共通の特徴である。なぜなら、さまざまな客の意見を聞くとどうしても最大公約数的になってしまい、結果的に個性の乏《とぼ》しい製品となり、ブランドの個性をも失うことになりかねないからだ。ブランドの個性が失われれば、そのブランドを選ぶ理由も失われる。

そうではなく、ブランドが客をリードする。だからこそ、客はそのブランドの「シンパ（信者）」となり得るし、信者となった客は簡単には浮気をしないのである。

２００７年には、ＢＭＷブランドに共感するファンのための総本山としてのBMW Welt（Welt はドイツ語で「ワールド」を意味する）をミュンヘンの本社隣接地に作った。ここでは最新のＢＭＷ車やテクノロジーを展示するだけでなく、ミュージアムも併設され、ブランドに対する理解が進むようになっている。もっとも特徴的なのは建物の中央にある「納車ゾーン」で、望めば衆人環視の中、新車のＢＭＷをそこで受け取ることができる。ＢＭＷブランドイメージに即したレストランもあり、ＢＭＷファンにとってまさに至福の時間を過ごせるようになっている。アメリカの客がここで新車を受け取り、ヨーロッパドライブ旅行を楽しんだあとでアメリカへ車を送るというサービスも行っている。

２０１４年には韓国の仁川《インチョン》国際空港近くに広さ24万平方メートル（東京ドームの5倍）に及ぶ広大なドライビングセンターを設立した。ＢＭＷに対してなじみの薄い韓国の人々にＢＭＷの本当の性能を体感してもらうための施設だ。ドライビングが体験できるサーキットだけでなく、ＢＭＷのヒストリックカーも含めたブランド体験ゾーンやＢＭＷらしいおしゃれなレストランもある。ここに来ればＢＭＷへの理解が一気に深まり、多くの人はＢＭＷファンになるはずである。

この施設の存在もあり、近年韓国でのＢＭＷ販売台数は大きく上昇している。２００９年までは1万台以下の水準だったのが、２０１６年には日本と同等の約5万台にまで達した。２０１７年は約6万台で、日本より10％以上多い販売台数となっている。日本も販売を伸ばしているのだが、それを大きく上回って伸びているのだ。韓国の自動車市場は１８０万台と日本（５００万台）の３分の1強程度なので、この販売台数は驚異的である。

働く人、売る人もシンパに

客を「信者」にするためにもうひとつ重要な要素がある。それはＢＭＷで働く人、ＢＭＷを売る人だ。ＢＭＷに関わる人自身がブランドの「信者」でなければ、客を「信者」にすることはできないだろう。

ＢＭＷの社員ブランド教育は徹底している。経営トップからして、役員になるためにはドライビングスキルのテストに合格しなければならないといわれているほどだ。役員自身がニュルブルクリンク・サーキットでのテスト走行に参加することもあるらしい。

ＢＭＷに初めて関わる人は、必ずブランドに関する講習を受けなければならないことになっている。ここでＢＭＷのブランド価値を徹底的にたたき込まれる。そのための専用施設を世界各国に設けているほどだ。「はじめに」にも書いた通り、筆者もＢＭＷ担当になってすぐこの講習をミュンヘンで受講し、ＢＭＷブランドの世界に一気に引き込まれたのである。

新型車が発売になるときは世界各国のディーラーを招待してお披露目会《ひろめかい》が開かれるが、この規模が尋常ではない。ホテルを丸ごと借り切ってその内部をＢＭＷのＣＩに準じた装飾にしたり、ＢＭＷの世界観に則った仮設の豪華なラウンジを作ってしまったりすることすらある。

このように、世界各国の「ＢＭＷを売る人」もそのブランド世界にどっぷり浸からせて、自らが売る製品に愛と確信を持たせるのである。ブランド教育を経たセールスマンは、自信を持ってＢＭＷの良さを客に伝えることができるようになっていく。

ついにメルセデスと並ぶ

ＢＭＷは一般的な大衆車よりも高価とはいえ、１９８０年代初頭まではまだメルセデス・ベンツとの差が明確だった。メルセデス・ベンツは今でいうところのＥクラスより上しかなく、ＢＭＷは０２シリーズを引き継いだ３シリーズが中核車種であった。今では同じクラスと見られているメルセデス・ベンツＥクラスとＢＭＷ５シリーズも、当時はボディサイズ、価格、製品としての完成度に明確な差があった。

それが縮まるきっかけは、１９８２年にメルセデス・ベンツが小型車１９０でＢＭＷ３シリーズの市場に参入したことだった。ただし、メルセデス・ベンツ久しぶりの小型車とはいえ、その品質は高く、1985年の日本導入時の価格は535万円と、418万円のBMW3シリーズより100万円以上高かった。さらにいうと、当時のBMW5シリーズのベースモデルは468万円だったので、190は5シリーズよりも高価だったのである。

190の日本発売から10年経った1995年には、BMW3シリーズのベースモデルが370万円、190の後を継いだメルセデス・ベンツCクラスが430万円となってその差が縮まった。

2005年になると、3シリーズ、Cクラスとも399万円と同価格に。さらに2015年には、3シリーズの466万円に対し、Cクラスはなんと419万円と、BMWのほうが高くなってしまったのである。5シリーズとEクラスの関係も同様で、5シリーズ633万円に対しEクラスは599万円と、5シリーズのほうが高くなった。

BMWは、モデルチェンジごとに着実に品質、性能、機能を向上させ、ついにはメルセデス・ベンツと同じ価格で勝負できるブランドにまで成長したのである。横軸のキャラクターポジションでは独自性を維持したまま、縦軸の価格帯ポジションではメルセデス・ベンツと同じ高さに並んだのだ。

BMWは、グローバルでは2005年から2015年まで連続してメルセデス・ベンツを超える販売台数を達成。名実ともにメルセデス・ベンツと並ぶ高級車の雄となったのである。

BMWから学べること

ＢＭＷは、強力なブランドパワーを持つライバル（メルセデス・ベンツ）に対抗できる位置を獲得するために、メルセデス・ベンツとは異なるターゲットを絞り込んでその対象にふさわしい製品を徹底的に作り込んだ。そのうえで、「メルセデス・ベンツでなくＢＭＷを選ぶ」という明確なファン層（信者）を作ることからスタートした。

50年もの長きにわたり、プロダクトそのものはもちろん、すべてのマーケティング要素を「運転の歓び」というスローガンにふさわしいものに統一。ブレのない一貫した戦略の下、ブランドイメージを維持・強化し続けた。昔からのファンを裏切ることなく、ＢＭＷの支持層を少しずつ広げていき、現在の地位を得ることに成功したのである。

ミニをプレミアムブランドに

ＢＭＷは、１９９３年に規模拡大を目指してイギリスのローバー社を買収したが結果として失敗、２０００年に手放すことになるが、小型車「ミニ」ブランドの権利は手元に残した。

ミニは超小型の安価な車として１９５９年に発売されたが、革新的な設計に加え、そのあまりの小ささと愛くるしいスタイリングでインテリ層に支持される車となった。低い重心高と俊敏な操縦性でモータースポーツでも活躍し、スポーティなイメージも加わった。そのため実用性では競争力がなくなったあとでも愛され続け、ひとつのファッションアイコンになっていった。しかし、発売から41年後の2000年、BMWがローバーを売却する際についに生産停止となる（ミニを生産していた工場も売却された）。

BMWはまったく新しいミニを開発することになるが、本来の設計思想から離れ、「ミニ」というブランドをファッション性の高いプレミアム小型車、つまり、まったく新しいカテゴリーのブランドにする道を選んだ。

経済的に豊かでありながら、これ見よがしの大型高級車には乗りたくない、もちろんありふれた大衆車にも乗りたくない、自分のセンスを表現できるものが欲しいという層が、ごく一部ではあっても世界中に存在する、という仮定に基づいての判断である。これは、BMWブランド自身を定義したときと同じやり方だ。ターゲット設定に基づき、その嗜好性に合わせ、実用性よりもデザイン性に徹底的にこだわり、旧型ミニのデザインエッセンスを生かしながら、サイズの割に高価ではあるが存在感があり、プレミアム性をも兼ね備えた小型車として新型ミニは登場した。

2001年の発売とともに、新型ミニは世界的な大ヒットとなった。旧型のミニが売られておらず、認知がほぼゼロだったアメリカにおいてさえ大ヒットとなった。BMWはまたしても巧みなブランド戦略で収益性の高いプレミアムブランドを作り上げたのである。

ＢＭＷはローバー売却の際、ミニ以外にライレーとトライアンフという一時期名声をあげたスポーツ性の高いブランドを手元に残している。将来、これらのブランドを復活させる時期が来るかもしれない。

歴史と伝統は必要条件ではない

高級ブランドというと歴史と伝統のある老舗《しにせ》というイメージがある。ロレックスやメルセデス・ベンツのブランドイメージも、時間をかけて築き上げてきたものである。ＢＭＷも今のポジションに至るまでには長い年月がかかっている。

しかし、名声あるプレミアムブランドになるためには長い時間が必要条件というわけでは必ずしもない。これを証明するのが、アメリカのブランドではあるが、電気自動車で大成功したテスラだ。

ご存じの通り、電気自動車には現状ではさまざまな制約がある。価格が高い。航続距離が短い。電気がなくなると充電しなくてはならないが、運良く急速充電器が見つけられても充電には30分かかる。その充電器に先客がいたら1時間待ちだ。筆者は、社有車のＥＶの充電待ちで第三京浜の都筑ＰＡで1時間を無為に過ごした経験があり、そのときは電気自動車の未来に大いに疑問を抱いたものだ。

スマホやパソコンのバッテリーは数年経つとへたってしまい、使用できる時間が短くなってしまう。スマホやパソコンと基本的に同じ方式のバッテリーを使う以上、電気自動車もこの問題は避けられない。しかもバッテリー交換にかかる費用はスマホの比ではない。

安全性にも問題がある。現在主流のリチウムイオンバッテリーには発火の危険性があり、事実テスラは、事故時に発火した事例がいくつかある。

2017年にスイスのヒルクライム競技に参加したリーマック（クロアチア製の1300馬力以上という超高性能電動スーパーカー）は、クラッシュした際に発火し、バッテリーのセル間の連鎖反応を起こして5日間も燃え続けたという。トヨタがハイブリッド車に容量は小さいものの安全性の高いニッケル水素電池をメインに使い、発火の恐れがない全固体電池の開発に力を入れているのは安全面の理由も大きい。

走行経費（=電気代）が安い、家でも充電できるというベネフィットはあるが、現状では、一家に1台の車としては手を出しにくい。日産もBMWも、量販を狙って買いやすく実用的な小型車として電気自動車を登場させたが、どちらも販売は苦戦しているのが現状だ。

こうした状況の中、テスラは2008年にまったく実用的でない、2人乗りの電動オープンスポーツカー「テスラ・ロードスター」から商品導入をした。

スポーツカーの名門であるイギリスのロータス社のアルミ製シャーシーを用い、軽量で高性能な電動スポーツカーとして仕上げた。加速性能はポルシェの高性能モデル並みであり、サーキットのラップタイムも十分高性能スポーツカーと肩を並べるものだった。

電気自動車というと性能は悪いと思っている人も多いが、電気モーターは新幹線を時速400キロ以上で走らせることもできるので、電池容量が十分大きければガソリン車を凌《しの》ぐ性能とすることは容易だ。特に加速は強烈である。

テスラ・ロードスターは約1000万円と高価だったが、たちまち新しもの好きの富裕層の心を捉えた。レオナルド・ディカプリオ、ジョージ・クルーニー、ブラッド・ピット、アーノルド・シュワルツェネッガーといった有名人がこぞって購入した。

彼ら富裕層にとってはたくさん所有する車の1台にすぎず、いわば周囲への話題作りのための〝おもちゃ〟として購入したわけだ。実用性や航続距離などほとんど重要ではなく、電気モーターによる独特かつ強烈な加速感を楽しんで、友人たちに自慢できればいいのだ。

同じ電気自動車でも、小さいセダンではステータスは表現できないが、高性能スポーツカーならステータス感は十分だ。所有することがステータスとなったテスラは、特に環境意識が高い富裕層の多いカリフォルニアで人気となり、テスラ・ロードスターは2450台が販売された。

テスラが次に発売したのがモデルSで、これは大型高級セダンである。普通の車として見ても非常にスタイリッシュなスタイリングを持ち、テスラ・ロードスター同様に強烈な加速性能を誇る。ボディが大きいため大容量電池も搭載でき、航続距離も電気自動車としてはかなり長く（最長の仕様では613㎞）、室内空間やトランクスペースも十分以上で実用性も高い。高価な大型車であるからこそ実現した性能と実用性で、電気自動車のネガティブな部分をそれほど感じることなく乗ることができる。価格は7万〜14万ドル（800万〜1600万円）と高価であったが、ロードスターでプレミアムなブランドイメージがある程度浸透していたこともあり、注文が殺到した。もちろん、購入するのはほかにも車を複数台所有するような富裕層であったことはいうまでもない。

販売台数は初年度の2013年にいきなり2万台を超え、2014年は3万台となった。翌2015年には5万台の大台を超え、はるかに廉価な日産リーフを凌《しの》いで世界の電気自動車ナンバーワンの販売台数となった。

今やテスラ・モデルSの販売台数は、アメリカではメルセデス・ベンツSクラスやBMW7シリーズを圧倒的な台数差（2倍以上）で凌駕し、ラグジュアリーセダンクラスのナンバーワンモデルとなっている。テスラに乗ることは、富裕層にとってメルセデス・ベンツやBMWに乗るよりも「進歩派」のステータス感を表現できるブランドとなっているのである。

テスラはこのようにして、短期間で電気自動車分野における唯一無二の強力なプレミアムブランドになった。

２０１７年、日産リーフに価格的に近い３万５０００ドルクラスの普及版であるテスラ・モデル３がアメリカで発売されたが、その受注はすでに50万台以上となっている。日産リーフの発売から２０１６年までの６年間の世界累計販売台数が25万台であることを考えると驚異的である。

この差は、「電気自動車のプレミアムブランド」としての地位を確立したテスラと、一般的なガソリン車のマスブランドでしかない日産の違いである。まだ不便な側面がある電気自動車を購入する決意を促すためには、何らかの社会的ステータスが必要不可欠だ。

今テスラを買うのは、社会的には「テスラ・ユーザー」という進歩的な富裕層で構成されるコミュニティに入るようなものだ。テスラはモデルSがヒットしたとはいえ、年産８万台弱（２０１６年）、ポルシェの３分の１程度でまだまだ希少でプレミアムな存在なのだ。日産リーフを買っても世間からそうは見てもらえない。リーフの問題は、製品の問題以前にブランドの問題なのだ。ＢＭＷの電気自動車といわれてもピンとこないのもブランドの問題である。テスラが最初に安価な実用モデルから導入していたら、現在の成功はなかったであろう。

ＢＭＷ、テスラの今後

このようにＢＭＷ、テスラはユニークなブランド価値でプレミアムブランドとしての地位を確立したが、今後については懸念もあるので、少しばかり触れてみたい。

ニッチなマーケットを狙って成功したＢＭＷであるが、大成功したゆえにカバーする市場も会社組織も大型化した。今や年間生産台数２３７万台（２０１６年：ＢＭＷブランドのみでは２００万台）のメーカーとなった。10年前の２００６年は１３７万台であり、いかに急速に増えたかがわかるだろう。もはやプレミアムブランドというよりは、マスブランドに近い規模となっている（スズキとプジョー・シトロエンは３００万台前後、マツダは１６０万台、三菱は１０７万台：２０１６年）。

これまでのようなエッジの立ったブランド戦略では、拡大余地が少なくなってきたのも事実である。新しい顧客層を獲得するため、今までこだわってきた後輪駆動、重量配分50：50というセオリーから外れた前輪駆動モデルも導入し、今後、小型モデルはすべて前輪駆動になるといわれている。

今後もさらに台数を伸ばそうとすると、従来の「運転好き」とは違う層も取り込んでいかなくてはならなくなるだろう。「Freude am Fahren」「駆けぬける歓び」というスローガンこそ変えていないが、今後のＢＭＷがどのようにブランドをコントロールしていくのか注目したい。

同様に、テスラの今後にも懸念がある。各社から電気自動車が多数発売され、電気自動車が当たり前になり、街には大量のテスラ3が走り回るようになったとき、テスラはどのようなブランドとして生きていくのだろうか。

トヨタ・プリウスは1997年の発売から10年程度は、アメリカでも先進的な考え方を持つ層からある種のステータスカーとしてもてはやされ、レオナルド・ディカプリオやキャメロン・ディアスも乗っていた。しかしハイブリッドが当たり前となり、プリウスも大量に売れてしまうと単なる普通のトヨタ車となってしまった。プリウスのこのあたりの事情は映画『ラ・ラ・ランド』でもうまく描かれていた。バレーパーキングで預かっている車のキーがプリウスのものばかり……というシーンである。

テスラ3は生産立ち上がりに苦労しており、計画では当初週1万台の計画だったが、最新の情報では2018年第2四半期に週5000台規模になるという。計画より半減したとはいえ、月2万台以上の生産となる。プリウスのアメリカでの販売台数は、最高の2012年でも月2万台弱なので、テスラ3もカリフォルニアなど、地域によっては早いタイミングでありふれた存在になってしまう可能性が高い。そうなると、テスラというブランド自体もステータス性を失ってしまう危険性があるのだ。

VWブランドポートフォリオ戦略

このように、プレミアム性と販売量はトレードオフの関係にあり、その加減を判断するのは非常に難しい。企業である以上成長を目指さなければならないが、ある一定以上に販売数が増えてしまうとブランドの独自性を維持することが難しくなる。

強力なプレミアムブランドは明確なブランド価値を提供するゆえ、ひとつのブランドが対象とする顧客はおのずと限られる。第1章で述べたように、ブランドには縦軸の位置（メインの価格帯イメージ）と横軸の位置（キャラクター）があり、縦軸の位置が上がるほど横軸でカバーできる範囲は狭まるからだ。横軸のポジションが広がってしまうとブランドイメージが拡散してしまい、顧客のブランドへの思い入れ低下をもたらすことになり、安く売る必要性が生まれて縦軸の低下を招くことになるのだ。

それを避けながら企業として成長するには、自社ブランドとは異なる位置づけの別ブランドを用意する必要がある。そのため、ある程度以上の企業規模となると、消費者から見て別のメーカーに感じられる複数のブランドを展開するケースがある。このような複数のブランドを使い分けて企業全体を最適化する戦略を「ブランドポートフォリオ戦略」というが、自動車業界においてこれをもっとも積極的に実践しているのがフォルクスワーゲンである。

フォルクスワーゲンは、その名が示す通り大衆車のメーカーであり、その領域では非常に強いブランドである。しかしフォルクスワーゲンはそれに飽き足らず、多くのブランドを駆使《くし》することでとても広い顧客層をカバーしているのだ。

フォルクスワーゲンは、トヨタのレクサスやダイムラーのスマートのようなまったく新しいブ

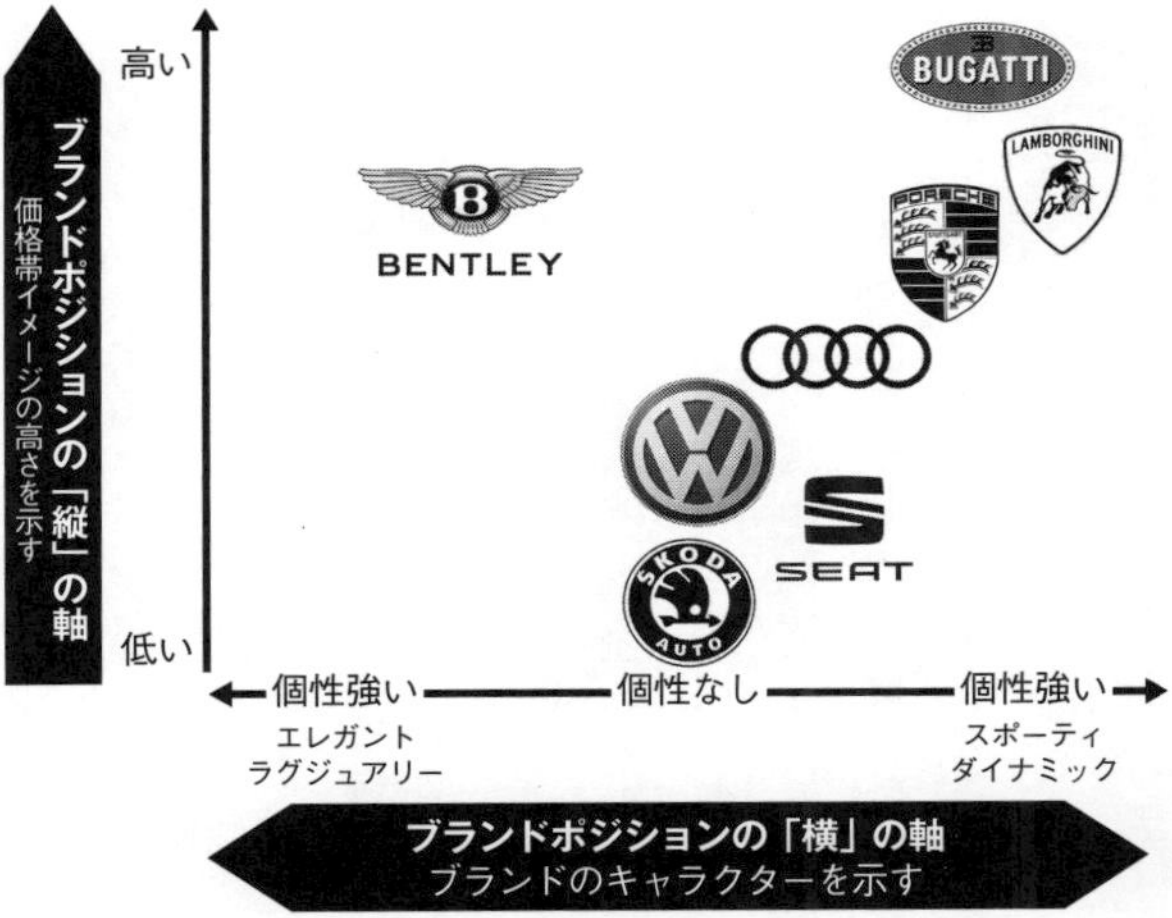

ランドを立ち上げるのではなく、既存のブランドを買収することでブランドポートフォリオを形成している。

フォルクスワーゲンの今までのブランド買収の経緯を簡単にまとめてみたい。

１９６４年にＤＫＷブランドを展開していたアウトウニオン社を買収、１９６５年にかつてアウトウニオンの一ブランドだったアウディブランドを復活させた。１９６９年にはロータリーエンジンを初めて市販したＮＳＵ社も買収し「アウディＮＳＵアウトウニオン社」となるが、１９７０年代に入りアウディに集約させて、１９８５年にアウディ社と社名を変更する。

１９７０年代半ば、フォルクスワーゲンの中核車種は空冷リアエンジンの「ビートル」から水冷フロントエンジンの「ゴルフ」に劇的に変身するが、ゴルフはアウディ側の技術をベースに開発された車である。アウトウニオンを買収していなかったら今のフォルクスワーゲンはなかったかもしれない。

続いて、1986年にスペインのセアトを傘下に収める（1990年に100％子会社化）。セアトはイタリアのフィアットをスペインでライセンス生産していた会社だ。続いて1991年にチェコのシュコダ社を傘下に収める（完全子会社化は2000年）。シュコダは戦前には高級車も製造していた老舗だが、チェコが戦後社会主義国となると国有化され、安価な大衆車のみを製造していた。

セアトとシュコダの買収は、労働コストの安い国での生産拠点確保と、南欧・東欧でのマーケットの拡大という意味合いが強いが、フォルクスワーゲンブランドより安価な価格帯で勝負できるブランドを獲得したという効果もあった。フォルクスワーゲンはフォルクスワーゲン車の技術をこの2ブランドの製品に投入し、最終的にはゴルフやポロといったフォルクスワーゲン車と車台を共通化したモデル群に切り替えた。これにより量的なメリットが生じ、全体のコストダウンとクオリティアップを図ることができたのである（セアトとシュコダは、今のところ日本では販売されていない）。

1998年にはベントレー、ブガッティとランボルギーニを傘下に収めた。

ブガッティは戦前に輝かしい歴史を持つフランスのブランドで、1920年代のグランプリレースで素晴らしい戦績を残し（第1回モナコグランプリの勝者である）、ロワイヤルという大型の超高級車を製造したことでも有名である。戦前の自動車ブランドの中では最高峰といってよい存在だったが、本拠地がドイツ国境に近かったこともあり、第2次世界大戦で生産設備が壊滅し、戦後いったん復興するもまもなく倒産することになる。その後1980年代にイタリアの実業家が復活を試みたが失敗していた。

ブガッティは「自動車業界の伝説の頂点ブランド」ということで、当時のフォルクスワーゲンのトップ、ピエヒ会長がぜひとも手に入れたいとして入手したブランドである。ピエヒ会長の「頂点ブランドにふさわしい車を作り上げる」という執念により、フォルクスワーゲングループの技術の粋を集めた「ヴェイロン」というモデルを作り上げた。16気筒エンジン、最高出力1001馬力、最高時速407キロ、価格2億円というモンスターで、まさに現代自動車業界の頂点を極める車となった。

ランボルギーニは派手なスタイリングで人気こそあったものの、品質と信頼性が低くわずかな台数しか生産していなかったが、ベントレー同様にフォルクスワーゲン傘下になってから品質が飛躍的に向上し、大いに売り上げを伸ばした。300台程度だった年間販売台数が、2016年には3500台あまりにまで増えている。ベントレー買収劇については後述する。

2009年には、「親戚」といってもいい存在であるポルシェを傘下に収める。なぜ親戚なのかというと、フォルクスワーゲンの礎《いしずえ》となったビートルはポルシェ博士の設計であり、ビートルを生産していた期間、フォルクスワーゲンはポルシェに対しロイヤリティを払っていたのだ。そのような経緯もあり、フォルクスワーゲン株の多くをポルシェ（持ち株会社のポルシェ・オートモビル・ホールディング社）が所有しているのだ（2017年現在、フォルクスワーゲン株の30・8％を保有）。

2012年にはイタリアのモーターサイクル界の雄、ドゥカティ社も買収する。

このように、一口にフォルクスワーゲンといっても、その実態は数多くの個性的なブランドを抱える総合自動車会社なのである。大衆車であるフォルクスワーゲンに加え、スポーティな高級車であるアウディ、高性能スポーツカーのポルシェとランボルギーニ、超高級車のベントレー、そして自動車業界の頂点に立つブガッティ。

幅広いブランドを揃《そろ》えることで、フォルクスワーゲンは途上国の一般層から超々富裕層まで顧客としてカバーすることが可能になった。そして、トヨタを凌いで世界ナンバーワンの自動車会社になったのである。

さらにこのブランドポートフォリオ戦略により、フォルクスワーゲン社は同一の車台で複数ブランドの車を作ることで生産量を確保し、効率的な生産を行うだけでなく、通常の量販メーカーであればなかなか作ることのできない超高級車や超高性能車を開発する技術やノウハウも蓄積することができている。これは、フォルクスワーゲンブランドだけでやっていてはとうてい不可能な話である。

ここで重要なのは、フォルクスワーゲンが買いたかったのはメーカー（会社）ではなくブランドだ、ということである。そして買い取ったブランドにフォルクスワーゲンの最新技術を投入することで、フォルクスワーゲングループの顧客層を広げるとともに収益性の高いブランドに育て上げているのだ。

ロールス・ロイス争奪戦

さて、フォルクスワーゲンがベントレー買収に至った経緯が興味深いので、これについてもう少し詳しく触れておきたい。

1990年代半ば、イギリスの小さな自動車会社が売りに出された。ロールス・ロイスとベントレーを作っていたものの、生産効率が悪く収益性の芳《かんば》しくないロールス・ロイス・モーターズである。

当時、自社ブランドでは獲得できない超富裕層をカバーする力のあるロールス・ロイスブランドを欲しがっていたのはフォルクスワーゲンだけではなかった。BMWも参入してきて、2社間の激しい争いとなった。結果、最高額で入札したフォルクスワーゲンのものとなった。

しかし、ここから面白いことが起こる。ロールス・ロイス社はもともと車だけでなく航空機エンジンも製造する会社だったが、もとのロールス・ロイス社は航空機エンジンメーカーとして存続し、自動車製造部門はヴィッカースという会社に売られていたのである。ちなみに、現在ロールス・ロイス社の航空機用ジェットエンジンは全日空のボーイング787型機にも採用され、世界の三大航空エンジンメーカーのひとつとなっている。

フォルクスワーゲンは、ロールス・ロイス社ではなく、ヴィッカース社から「ロールス・ロイス・モーターズ」という自動車製造会社を買った格好だが、実はロールス・ロイスの商標権は航空機エンジンメーカーのロールス・ロイス社が留保していた。その事実が判明するやBMWはすかさずロールス・ロイス社と交渉し、自動車分野のロールス・ロイスの商標権を獲得してしまう。

このため、「ロールス・ロイス・モーターズ」を買収したフォルクスワーゲンはロールス・ロイス車の製造・販売ができなくなるという事態に陥った。そこで、ロールス・ロイス・モーターズが所有していたベントレーブランドの車のみを製造することになったのである。

ベントレーは、もともとウォルター・オーウェン・ベントレーが1919年に設立した自動車メーカーで、1923年から1930年の間に5回もル・マン24時間レースで優勝するほどの高性能車だった。当時イギリスに留学していた白洲次郎《しらすじろう》も愛用していたことで知られる（白洲次郎の愛車は、埼玉県にあるワクイミュージアムで見ることができる）。

しかし世界恐慌のあおりを受けたベントレーは経営危機に陥《おちい》り、1931年にロールス・ロイスに吸収合併されてしまう。戦後は、基本的にロールス・ロイスと同じ車をバッジとグリルが異なる程度の変更で売られていた。ロールス・ロイス級のステータスは欲しいものの、これ見よがしなロールス・ロイスには乗りたくないという一部の層に向けて存在していた「陰の」ブランドだった。

フォルクスワーゲンはロールス・ロイスブランドを獲得することはできなかったが、第1章で触れたように、フォルクスワーゲン・フェートンの車台を使った「お買い得」ベントレー車で大成功を収めることができた。BMWは新たにロールス・ロイス工場をイギリスで立ち上げたが、BMWのロールス・ロイスが年間4000台程度の販売に留まるのに対し、ベントレーは1万台以上を売り上げている。今や、数の上では以前はマイナーだったベントレーのほうがメジャーブランドとなっているのだ。

ロールス・ロイスは、そのブランドイメージの強さゆえに縦にも横にもポジショニングを拡大しにくいが、ベントレーは比較的自由度が高く、結果としてロールス・ロイスより広いマーケットを獲得できたというわけである。2016年にはアウディQ7のプラットフォームを土台としたベントレー初のSUV「ベンテイガ」を発売。これも大ヒットとなっている。ベントレーを得ることで、フォルクスワーゲンは2000万円以上の価格帯のマーケットで大きなシェアを得ることに成功したのである。

一方のBMWは、台数こそ少ないものの、ロールス・ロイスで3000万円超というさらに上のマーケットを獲得することとなった。

複数のブランドをどう運営するか

このように、企業としてより多くの顧客をカバーしたいときは価値観を異にする複数のブランドを提供することになる。だが、価値観の違う客を対象とするわけだから、当然それぞれのブランドはまったく異なるものとして運用されなければならない。ロールス・ロイスの客は、ロールス・ロイスを買ったのであってBMWを買ったのではない。企業としてのBMWから見ればロールス・ロイスの客は自社の客だが、逆はそう思わせてはいけないのだ。

企業として車台やエンジンや目に見えない部品を共通化してコストダウンするのは当然のことであるが、経営上の効率化とブランドビジネスは明快に切り離して運用されなければならない。客に対するコミュニケーションとIR（Investor Relations：投資家向け広報）コミュニケーションはまったく別物として考えなくてはならないのだ（仮にその対象となる個人が同一人物であったとしても）。

時計の世界に目をやれば、スウォッチグループも多くのブランドを抱える会社だ。オメガやブレゲといった高級ブランドも傘下に収めるが、それぞれのブランドはあくまで独立した存在としてマーケティングされている。銀座にスウォッチグループのビルがあるが、入り口やエレベーターまでブランドごとに分けるほどの徹底ぶりである。

客から見れば、自分はあくまで特定のブランドの客だという認識なのである。だから、その親会社の客になっていることを意識させないよう細心の注意を払う必要がある。さもなければ、そもそもブランドを分けている意味が失われてしまう。客はブランドに対してロイヤリティがあるのであって、企業体にロイヤリティがあるわけではないことを忘れてはならない。

ポルシェ　高い収益力の源泉

フォルクスワーゲンはなぜ、プレミアムブランドを多く抱えるのか。客層を拡大するだけでなく高収益にも結びつくからだ。フォルクスワーゲングループのブランドのひとつ、ポルシェの飛び抜けた収益の高さについて第1章で触れたが、それをもたらす要因について考察してみたい。

ポルシェの代表的な車種は911である。911は、ポルシェ初のモデルで大成功した356を引き継いで1963年にデビューした。356の特徴であったリアエンジン（車の後端にエンジンを搭載する方式）を踏襲《とうしゅう》しつつ、よりハイパワーを求めて重い水平対向6気筒エンジンを採用したのが災《わざわ》いして発売当初は操縦性に難のある、欠陥車に近いモデルだった。大きく重いエンジンが車の後端にあるため、高速コーナリング時にお尻を振り出してしまうのだ。スピードを上げるとフロントが浮き気味になってアウトバーンでの高速直進安定性も悪かった。発売以来、ポルシェはこの癖のある操縦性を改良することに大いに頭を悩ますことになる。

しかし911は、モータースポーツの世界では大活躍した。エンジンが後端にあって加速時に荷重が後輪にかかることで、エンジンのパワーを有効にタイヤに伝えることができる。うまいドライバーが乗れば、素晴らしいタイムを出すことができたのだ。

乗りこなすのは難しいが乗りこなせれば速いというマニアックな操縦性と、その独自のエンジンレイアウトだからこそ為し得た流麗なフォルム（ポルシェ博士の孫ブッツィー・ポルシェがデザインした）で、熱狂的なファンがたくさん生まれたのである。

だが、911の欠点はなかなか解消できず、ポルシェは1970年代に優れた操縦性を持った現代的なフロントエンジンのスポーツカーを開発し、911を廃止しようとした。その新しいスポーツカーは素晴らしい出来映えであったが、ポルシェファンはそれをよしとしなかった。ポルシェはあくまでリアエンジンであるべきと譲らなかったのだ。

ポルシェは、1980年代末になってフロントエンジンのスポーツカーを諦《あきら》め、911の大幅なモダナイズに取り組み始める。1988年までパワーステアリングやまともなエアコンさえなかった古くさい911を、形をほとんど変えずに一気に現代化を図ったのである。これ以降は、脇目も振らずに911の改良に邁進《まいしん》することになる。

1997年には、基本コンセプトは不変のままフルモデルチェンジを敢行《かんこう》。エンジンはまったく新しい水冷エンジンとなり、911は最新のスポーツカーとなった。

結果としてポルシェは、水平対向6気筒エンジンを車体の後端に搭載するという、911以外ではほとんど例のない異端の基本コンセプトをまったく変えないまま何十年も作り続けることになった。最新型のボディは初代911よりかなり大きくなったが、エンジンのキースペックのひとつであるボアピッチ（シリンダーの中心間の距離）は初代911から変わっていない。

歴代ポルシェ911　写真提供：ポルシェジャパン

このように「唯我独尊《ゆいがどくそん》」の車作りをしてきたポルシェは、熱狂的なファンを世界中に生むこととなった。第1章で紹介した生沢徹氏のみならず、筆者も実はその一人であり、小学生以来の熱烈なポルシェファンである。

コンセプトが他車と違うユニークなものであるというだけでなく、同じコンセプトで50年以上作り続け、完成度はモデルチェンジのたびに高まる。新型車は必ず前のモデルよりも良くなる道理となり、一度９１１のファンになるとお金が許す限りずっと９１１を乗り続けることになるのだ。自動車の世界でもっとも熱烈なロイヤリスト（ブランドに愛着を感じ繰り返し購入してくれる客）の多いブランドではないかと思う。９１１は高価だが、ほとんど値引きをすることなく買われ続けているのもうなずける。

ポルシェ　さらなる高収益の秘密

このような顧客との関係が築き上げられ、ロイヤリストが増えると、価格競争がなくなって大きな収益も期待できるようになる。

しかし、現在のポルシェの利益率の高さは、単にオーナーたちのロイヤリティだけが理由ではない。

ポルシェには、９１１のほかにボクスターというモデルがある。ボクスターは９１１がまだ空冷エンジンを搭載していた１９９６年にデビューを果たした。ポルシェ伝統の水平対向６筒エンジンを水冷化したまったく新しいエンジンを搭載し、リアエンジンの９１１とは異なり、多くのスポーツカーやレーシングカーが採用するミッドシップだ。これは後車軸より前、普通の車ならリアシートがある位置にエンジンを置く方式で、重量バランスに優れ、俊敏な操縦性が楽しめる。

エンジン排気量は当時の911の3600ccに対し2500ccと小さく、価格は595万円で、約1000万円の911と比べると半値に近く、そのため当然のことながら911とはまったく異なる新しいポルシェ入門用モデルとして受け取られた（その後、エンジンを2700ccに拡大しつつ550万円に値下げされる）。

しかし実はこのボクスター、その1年後に登場する水冷エンジン搭載の新型911と並行して開発された車だったのだ。

ポルシェはまず生産コストを下げるため、元トヨタの生産技術担当者を何人も雇った。トヨタ流の生産方式を導入することで、大幅な生産コストの削減に成功したのである。設計も効率化し、たとえばボクスターの水冷エンジンでは、シリンダーヘッドは左右で共通のものを使えるような設計となっている。

続いて、ボクスターと新型911は共通の部品を多く使用することでもコストダウンを実現している。たとえば、ボディそのものが運転席より前はまったく同じである。旧ポルシェミュージアムにあった両車のカットモデルを見るとよくわかるが、基本構造だけでなく、フロントサスペンションやエアコンなどの装置を含め共通している。ダッシュボードの形状も同じで、メーターの数が911は5つのところボクスターは3つ、エアコンの吹き出し口など一部のデザインが異なる程度だ。

エンジンも共通の設計で、分解図を見てもほとんど違いがない。もちろん排気量は異なる（ボクスターは2500cc、新型911は3400cc）ので、シリンダー径とピストンのサイズは違うし、クランクシャフトも部品としては違うが、外観はほとんど一緒。部品点数も材質も変わらない。生産コストはさほど変わらないはずだ。エンジン回りで採用されている技術も共通だ。どちらも同じボッシュの制御システムを使い、バルブタイミング可変システムも同じものを使っている。このように、911とボクスターは「兄弟車」といってもいい成り立ちなのである。

はっきり異なるのは、フロントシートより後ろの部分だ。エンジン搭載位置に加えて、技術的な最大の相違点はリアサスペンションにある。ボクスターがフロントサスペンションと同じストラット方式なのに対し、911はマルチリンク式になっている。911のほうがパワーがあり、かつリアエンジンでリアへの負荷が高いため、よりキャパシティの大きいサスペンションが必要だからだ。しかしパーツリストを検分すると、ロアアームは共通の設計で、アッパーアームが2本追加されているだけの差であり、大きなコスト差になるとは考えにくい。

ボクスターと911の大きな違いはもうひとつあって、911の標準型が普通のクーペなのに対し、ボクスターは電動開閉式のコンバーチブルトップが標準装備なのである。911にもボクスターと同様の電動コンバーチブルトップを持ったカブリオレが存在するが、標準型911より160万円も高い（1998年当時）。ここは明らかにボクスターのほうがコストがかかっているはずだ。性能に合わせて標準装備のブレーキやホイール・タイヤのサイズも違うが、そのコスト差はコンバーチブルトップの差よりもずっと少ないであろう。

これらの要素を総合的に判断すると、ボクスターと911の生産コストはほとんど変わらないか、あったとしてもごくわずかではないかと推察できる。

この推察が正しいとすると、1998年に発売された新型911は、ボクスターと同じ値段、すなわち600万円程度で売っても十分採算が取れるはずだ。それを前モデルの911と同じ1000万円で売れば、収益が上がるのは当然である。コストダウンしたとしても、新型911は伝統のレイアウトを受け継ぎ、スタイリングも911らしく、サイズが大きくなって室内のゆとりも増し、性能や装備レベルも向上したわけだから、値下げをする理由などひとつもないのだ。

空冷時代の911は、構造が複雑で生産に手間がかかり、1000万円で売ってもそれほど儲《もう》かる車ではなかった。ポルシェ社の収益は、このボクスター／新型911発売以降、劇的に改善されたのだった。

その後2回のモデルチェンジがあったが、3世代にわたって車作りの基本的な考え方は変わっていない。この高収益が見込めるコスト構造を、2016年まで20年間変えることなく続けたのである。

現在、911の生産台数は年間3万2000台、ボクスター／ケイマン（ボクスターのクーペ版で2005年に追加された）の生産台数は年間2万4000台である（2016年）。スポーツカーの世界でもっとも販売台数が多いマツダMX－5（ロードスター）の生産台数は年間3万7000台なので、911とボクスター／ケイマンを基本的に同じ車種と考えれば、ポルシェのスポーツカー生産台数ははるかに安価なマツダMX－5を大きく上回る。規模の経済的に考えても、1台あたりのコストはかなり下げられているだろう。

このように説明すると、911は不当に高く、買う人が少なくなってしまうと思われるかもしれない。しかし、である。多くのポルシェファンは、「911こそ真のポルシェである」と固く信じている。

多くのボクスターオーナーも、「いつかは911」と思っている人が多いのだ。実際、筆者の周りを見ても、最初は手頃なボクスターでポルシェに入門して、その後911に乗り換えている人が実に多い（筆者もその一人である）。一度ボクスターでポルシェの世界に入り、その魅力に取り憑《つ》かれてしまうと、ボクスターオーナーであってもポルシェのイメージの中心はあくまで911なので、いつかは911に乗りたいという気持ちが強まってしまうのである。

多くの部品を共有する911とボクスターではあるが、乗ると印象はかなり違う。車重はさほど変わらないのに、911の乗り味は重厚で豪快、ボクスターは軽快で爽快だ。どちらが良い悪いではなく、キャラクターが異なるのだ。エンジンパワーの違いも大きく、何も知らずに乗ればまったく別の車に感じ、価格差を納得させるように巧みに作り分けられている。
９１１は現在、最低１２４４万円（２０１７年11月現在）もするが、オーナーはその価格を納得して購入し、６５５万円からのボクスター／ケイマンとは明らかに異なるステータス感と乗り味を感じながら乗っている。中古車の値落ちが少ないのも９１１の特徴で、どんなに古くても買い支える人がいるため一定以下の金額からは下がらないのだ。下がらないどころか、ある程度以上古いモデルは希少価値が出て、逆に値段が上がってしまう。それだけ９１１のファン層は厚いのである。

お気に入りの993型911と筆者（2012年）

したがって９１１の販売台数は減ることはなく、ポルシェは９１１のステータスにふさわしい値づけをすることができる。そしてポルシェの高い利益に貢献するのだ。

収益の一部を使って開発される新型モデルは、間違いなく現行型よりも優れたものになり、価格は上昇するが、それでも多くの９１１ファンは乗り換えることになるのである。

さらに、第１章で触れた通り、ＳＵＶのカイエンとマカンはフォルクスワーゲン／アウディとの兄弟車にもかかわらず、「ポルシェのブランド代を乗せた価格」で販売しており、販売台数も911よりはるかに多い。特に中国やロシアといった新興富裕層の多いエリアではSUVモデルが販売の主力である。これも、スポーツカーは買わないがポルシェのブランドは欲しいという、ある種のフォロワー層といってよい層が一気に流入したことで、ポルシェの販売台数と収益の劇的増加に貢献したのである。

このように、強力なブランドイメージと価格イメージを確立したブランドは、合理的なもの作りを進めることによってさらに多くの収益を上げることができる。

ただ忘れてはいけないのは、ポルシェ製品は裏でコストダウンを実現していたとしても、ユーザーにはそのブランドらしさをきちんと提供しているということだ。

ボクスター／ケイマンも911とは乗り味が違うとはいえ、他社のモデルと乗り比べれば911に近いポルシェらしい味わいを持っている。なにしろ、1000万円以下のスポーツカーで「一からスポーツカー専用に開発されたエンジン」を搭載しているのは世界中でボクスター／ケイマンだけなのである。それだけでもボクスター／ケイマンは非常にお買い得なモデルなのだ。

カイエンやマカンも、車台は共通ながらもポルシェらしいスタイリングを持ち、フォルクスワーゲンやアウディよりスポーティな乗り味を提供している。材料は共通でも、味つけはきちんとポルシェを感じるようになっている。だからこそ客は、生産コストとは関係なくより多くの金を払い、「ポルシェを買ったという満足感」を味わうことができるのである。ポルシェの顧客は高価格にもかかわらず非常に満足している人が多く、ポルシェは比類なき高収益を得られる。完璧なウィン-ウィンの関係ができあがっているのだ。

客同士の熾烈なる争奪戦

ポルシェのコアなロイヤリストに関する逸話をひとつご紹介しよう。

ポルシェ911のラインアップには、911ターボやGT3といった通常の911よりもはるかに高価かつ高性能な希少モデルが存在する。このようなモデルを購入するのは、ポルシェを何台も乗り継いでステップアップしていったポルシェマニアの超富裕層が中心である。なぜ素人目には普通の911とあまり変わらない車に倍近い金を払うのか。それはポルシェロイヤリスト間でのステータス争いのためなのだ……。

高性能だが豪華で安楽方向の911ターボは、希少とはいっても通常モデルなので、注文すれば基本的に購入することができるが、GT3というサーキット走行を視野に入れたマニアックなモデルは特定の期間しか生産しないので、買うほうも必死かつ疑心暗鬼《ぎしんあんき》となる。はたして生産期間がいつまでなのかもわからないし、何台生産されるのかもわからない。「限定○○台」と言ってくれればまだわかりやすいものを、ポルシェはあえて公表しないのだ。

２０１５年には９１１ＧＴ３ＲＳという、ＧＴ３をさらに高性能にした特別モデルが発売された。定価は２５３０万円と、かなりの高額車である。当初、日本への割り当てはごく少数だと噂された。

筆者の知人で、この９１１ＧＴ３ＲＳをどうしても手に入れたくて、発表すらされていない、出るかどうかもわからない４年前にディーラーに仮注文を入れて手付金まで払った猛者《もさ》がいる。当然、彼はポルシェを何台も乗り継いでいるポルシェマニアである。発売される予定がまったく見えない時点で注文を受けつけるディーラーもディーラーではあるが……。

９１１ＧＴ３ＲＳの正式発表後、彼は当然正式の発注をするわけだが、なんと店長が彼の自宅を訪問してきて、当初の割り当て台数だと彼まで順番が来るかどうかわからないと詫《わ》びを入れてきたという。つまり、彼より前に注文をしていた人物が何人もいたのだ！

噂では、東京のディーラーでは当初ささやかれていた２〜３台の割り当て台数に対し、購入希望者が３００人以上いたという。

結局、９１１ＧＴ３ＲＳは当初の噂よりかなり多い台数が生産されたようで、注文した知人にも車が割り当てられることになった。本人は大喜びだった。オプションや諸費用も合わせると３０００万円近い車を購入できるかどうかでやきもきし、購入できるというだけで大喜び、となるのである。もちろん値引きなど一切なしである。納車時には仲間内でお祝いをしたことはいうまでもない。

このＧＴ３ＲＳ、現在の中古車市場では新車並みの価格で売られている。幸運にも購入できた客はその後も資産価値が下がらないわけで、一挙両得である。希少ポルシェは資産価値としての側面もあるので、ポルシェマニアのお金持ちが殺到するのである。これは日本だけの現象ではなく、世界各国で同様の争奪戦が繰り広げられているのだ。

購入することができた客は、所有するステータス感に味を占めて「次もまたぜひ」と思うであろうし、買えなかった客は「次こそは」と考える。その結果、同様の争奪戦が再び起こるのであろう。ポルシェも罪なことをするが、コアなファン層の心理を知り抜いたうえでの巧みなマーケティングなのである。

もちろんこれら希少車も、基本構造は通常モデルと大きく変わるところはない。生産コストの増加分はその価格差の何分の一で、ポルシェの収益にも大いに貢献しているはずである。

この事例からもわかるように、顧客が「その価格に見合うステータスがある」と感じることができれば、喜んで金を払うのである。その原価はあまり関係がない。いかに気持ちよく金を払ってもらえるか。争ってまで手に入れたいと思わせることができるか。ポルシェはそのための方策を憎いほど知り抜いているのである。

さらなる効率化を果たすポルシェ

筆者は、ポルシェの工場見学に２００３年、２０１６年と2度訪れている。２００３年はすでに水冷化されている時代で、空冷時代より大幅に効率化されていた。しかし、まだスポーツカー用のエンジンは一人の職人が最初から最後まで組み立てる方式を取っていたし、ＧＴ３用のエンジンに至っては職人がピストンやコンロッドを一つひとつ計量してバランスの取れた組み合わせで組み立てる、という手間のかかることをしていた。その様子を目の当たりにして感動したものだ。組み上がったエンジンはすべてテストベンチにかけられ（「ホットテスト」と呼ばれる）、実際に火を入れて所定の性能が出ているかどうかチェックされていた。ポルシェの値段の高さも納得させられるような体験だった。

その13年後、２０１６年に再訪したときはどうなっていたか。水平対向エンジンは流れ作業で作られ、多くの部分はロボットによって自動化されていた。一部職人が組み立てる工程もあるが、大幅に効率化されていた。９１１ＧＴ３ＲＳ用などの特別なエンジンも同じラインを流れる。組み上がったエンジンのテストも「コールドテスト」というエンジンには火を入れずに各部のチェックを行う方式に簡略化され、実際にエンジンに初めて火が入るのは完成後に工場を離れるときとなった。

説明員に質問したところ、ロボットの導入以降組み立ての精度が上がり、品質が高い次元で安定したのでいちいち火を入れてチェックする必要がなくなったということだった。いわれてみれば確かにそうなのかもしれないが、ロマンチックな話ではないことも確かだ。ポルシェは大量流れ生産ではなく、熟練工によって特別な方法で作られている、という伝説は、もう過去の話になってしまったのだ。

さらに、2017年8月に3代目に進化したカイエンは、生産をドイツにあるポルシェのライプチヒ工場からスロバキアにあるフォルクスワーゲンの工場（元はシュコダのもの）に移管したのである。以前からフォルクスワーゲングループの大型SUVのボディはスロバキアで集中生産されており、完成したボディをベントレー・ベンテイガはイギリスのベントレー工場へ、先代までのポルシェ・カイエンはライプチヒのポルシェ工場へ送られて最終組み立てを行っていた。2018年に発売されるランボルギーニ・ウルスのボディもこのスロバキアの工場で作られ、イタリアのランボルギーニ工場へ送られて最終組み立てが行われる。今まで相対的に下位ブランドであったアウディQ7とフォルクスワーゲン・トゥアレグに関しては、最終組み立てもスロバキアで行われていたのだが、その仲間に新型カイエンも入ったのである。

当然、これもコストダウンが主たる目的で、なにしろスロバキアのフォルクスワーゲンの従業員の賃金はドイツの3分の1程度である。しかしながら商品力は向上しているため、ベースモデルの値段は894万円から976万円に大きく値上げされている。ポルシェの収益力はさらに高まったことであろう。

大量生産されているロレックス

高級腕時計の代名詞ともいえるロレックスは、熟練した職人が丹精込めて作っているというイメージであろう。しかし、世界中で売られているロレックスは、はたして年間どのくらい作られているのだろうか。ロレックス自体は生産数を発表していないが、スイスクロノメーター協会がブランド別の認定数を公表している。ロレックスはすべてがクロノメーター認定を受けているので、認定数＝生産数と考えてよい。2015年のロレックスの認定数は79万5716個で、ブランド別ではダントツである（2位はオメガの約51万個、3位はブライトリングの約15万個）。ロレックスは週1万5000個、週5日稼働とすると毎日3000個作られているのだ。自動車の生産数と比べるとポルシェの24万台よりはるかに多く、さらにレクサスの68万台よりも多いという数である。

日本のメーカーが作る機械式時計の総数は220万個（2016年）なので、その3分の1よりも多い。これだけの数を従業員2800人の会社が作っているのだ。

これだけの数となれば、生産はかなり効率化されているはずである。最終組み立てこそ手作業ではあるものの、ほとんどの部品の生産はロボットを導入し機械化されているといわれているが、このあたりは公表されていないので未確認情報である。少なくとも部品管理倉庫と完成後のさまざまな検査工程は完全自動化が図られていると発表されているので、部品生産も相当の自動化が図られていると考えるのが自然である。

ポルシェ同様、機械化によって品質が安定し、品質アップとコストダウンを両方達成したという話も噂レベルではある。しかし彼らは、品質向上を理由に値上げするのである……。

品質や性能が向上した分は値上げし、コストダウン分は収益につなげるというのが彼らの流儀である。そして、得た利益をブランディング・マーケティング活動に回すことでブランドイメージをより向上させ、次の利益につなげていく。ブランドイメージと品質が高まれば顧客の満足度もさらに向上する、という好循環となっていくのである。

「スイス製」という価値

スイスの時計が現在の地位を得る過程で特筆すべき点は、特定のブランドだけではなく、「スイスの時計」それ自体のブランド価値を上げていったところにある。このプロセスについて少し解説してみたい。

１９６９年にセイコーが実用化したクオーツ時計は、時計業界を一変させた。クオーツは正確かつ安価であり、従来の機械式時計を主に生産していたスイスの時計産業は大打撃を受け、1970年代後半には多くの時計メーカーが業績不振に陥《おちい》っていた。

それらの企業グループを支援していたスイスの銀行が、経営コンサルタントのニコラス・ハイエクに相談を持ちかけた。ハイエクはこの企業グループを再生すべく徹底した業務改革を行い、メカニズムや生産工程も見直す中で1983年、非常に簡便な時計「スウォッチ」が生まれた。スウォッチは「スイス製」を売りとし、日本製の時計とはまったく異なり、安価なプラスチック製であってもおしゃれなデザインを重視した製品だった。スウォッチは大ヒット商品となり、低価格帯の時計としては久しぶりの大型スイス製品となった。

スウォッチで成功したハイエクは、スイス時計産業全体の復活にチャレンジする。スウォッチを開発した傘下のムーブメントメーカー、エタ社に機械式のムーブメントを大規模・効率的に生産させ、スウォッチグループ以外でも希望する会社に供給することでスイスの機械式時計産業の復権を狙ったのである。一時はスイス製機械式時計の8割がエタ社のムーブメントを使っていたといわれている（スウォッチグループ以外のスイスメーカーも高収益を上げるようになったため、2020年以降は基本的にスウォッチグループ内のみの供給に方針転換した。そのため各社は独自ムーブメントの開発を推進している）。

ハイエクはさらに、ブレゲやブランパンといった超高級時計の老舗も傘下に収めた。

高級時計は機械式、低価格な時計はクオーツと徹底的に区分けすることで、機械式＝高級というパーセプションを世の中に浸透させていった。あえて時間が不正確で手間もかかる機械式時計を、その工芸品的な価値に着目させ、実用時計でなくステータスシンボルとしての時計として位置づけたのである。その機械式時計を積極的に作ってプロモートしているのはスイスのメーカーだけだったので、スイスの機械式時計＝高級という図式を成立させることにも成功したのである。

スイス製の時計にはたいていの場合、6時の位置にSWISS MADEと英語で記されている。このSWISS MADEを名乗るための細かな基準も法律で定められている。スイスの時計を名乗るには単純にスイスで組み立てられたというだけでは駄目で、スイスで開発されて大半をスイス製の部品で作られたものでなければならない。

スイスの時計ブランドは、それぞれのブランドの価値以前に、「スイスの時計」というブランド価値が存在し、それがプレミアム価値を担保しているのだ。それを国を挙げて実践しているのである。

「聖地」に集約化するポルシェ

同様に、アウトバーンの国ドイツも、自動車において「ドイツ製＝高性能」という国イメージが存在する。アウディは世界中で「Vorsprung durch Technik」というドイツ語のブランドスローガン（意味は「技術による先進」）を翻訳せずにそのまま使っているが、これはドイツ出自であることを強調する意図が込められている。BMWも2017年秋から、高級モデルにおいてBayerische Motoren Werkeというドイツ語のフルネーム表記を世界中で使う方針としたようだ。

ドイツの車メーカーは各国の税制（自国生産品を優遇している国が多い）もあり、スイスの時計ほど徹底してドイツ製造にこだわることができないが、生産量の少ないポルシェは思い切った生産拠点再編に踏み切った。

前述したように、ユーザーの中でコアなポルシェファンの含有率が少ないと考えられるカイエンは、3代目からコストダウンのために生産をスロバキアに移管した。だが、コアなポルシェファンの含有率が高いスポーツカーモデルに関しては、ブランドイメージにふさわしい生産拠点に集約する作戦に出たのである。

ボクスターと新型911がヒットして本社工場だけでは需要が賄《まかな》いきれなくなったポルシェは、1997年からボクスター生産の大部分をフィンランドのヴァルメット社に生産委託していた。その提携を2011年に打ち切り、ドイツ国内のフォルクスワーゲンの工場での生産に切り替えた。これでポルシェのスポーツカーはすべてドイツ製になった。

２０１６年半ばからはさらに踏み込んで、フォルクスワーゲン工場への生産委託をやめ、スポーツカーはすべてシュツットガルト郊外のツッフェンハウゼンにある本社工場での生産としたのである。それを実現するために本社工場に多額の投資を行った（この投資によって前述の生産効率化が同時に図られた）。つまり、現在ポルシェのスポーツカーはすべて「ポルシェの聖地」で作られるようになったのである。

一般の人にはたいした話ではないと思われるかもしれないが、これまでも車台番号の11桁目がSかUかKかを気にするポルシェユーザーは少なからず存在した（Sは本社シュツットガルト工場製、Uはフィンランド製、Kはドイツ内フォルクスワーゲン工場製を示す）。筆者も、最後に新車で買ったボクスターGTSの車台番号11桁目がSと知ったときはちょっとうれしくなったものだ（その前に乗っていたボクスターはUだった。９１１は例外なくすべてSである）。

ポルシェの場合、熱心なポルシェファンにとってはドイツ製であることはもちろん、ドイツの中でもツッフェンハウゼン製であるかどうかも重要なのである。

ところで、日本で売られているドイツブランド車の一部に南アフリカ製の車が存在している。南アフリカで生産された車を輸出すると、その輸出した分の輸入車の関税を安くするという同国政府の政策に由来する。特定車種を南アフリカで集中生産して輸出すれば、その他の車種は輸入して安く売れるという仕組みだ。

南アフリカは左側通行右ハンドルの国なので、必然的に右ハンドル車を集中生産するという流れになる。そのため、一時期は日本で売られるフォルクスワーゲン・ゴルフ、メルセデス・ベンツCクラス、BMW3シリーズの多くが南アフリカ製になった。

もちろん各社とも表だってこの事実を公表しなかったが、ネット上で話題になったためか、販売に何らかの影響があったらしく、フォルクスワーゲンとメルセデス・ベンツは南アフリカ製の輸入をとりやめた。現在、BMW3シリーズのセダンのみが南アフリカ製である。はたしてどの程度影響しているのかはわからないが、メルセデス・ベンツが日本で売るCクラスをドイツ製に切り替えて以降、BMW3シリーズとの販売台数差が縮まり始め、数年前には逆転している。BMW南アフリカ工場の製造品質は高く、実質的な問題はまったくないのだが、やはりドイツブランドの車であればドイツ製を買いたい、というのが消費者の正直な気持ちなのではないだろうか。

アルファロメオも、すべての車をイタリアで生産する方針を打ち出している。マツダ・ロードスターの兄弟車、フィアット124スパイダーは、現在広島のマツダ工場で生産されているが、当初はアルファロメオブランドで発売される予定だった。しかしFCAのマルキオンネ会長が、アルファロメオを全車イタリアで生産する方針としたためにフィアットブランドに変更したといういきさつがある。

このように、社会的なステータス性やイメージ、思い入れを消費するという側面が強いプレミアムブランドにとって、そのブランドの背景に出自の国あるいは地域のイメージが関わっている場合、その地で作られたものであるかどうかはきわめて重要な要素となる。出自の地というイメージもブランドイメージの一部であることを忘れてはならない。

リシャール・ミルの新聞広告

第1章で触れた通り、顧客の限られたプレミアムブランドでも一般的な認知は必要である。社会的なステータス性は、世間一般の人々が「ステータスがある」と認知してくれていないと成立しないからである。

「知る人ぞ知る」という玄人向けの高級ブランドも存在するが、素晴らしい高級品であったとしても、それは「ブランド力のあるプレミアムブランド」ではない。価値を本当に理解する限られた愛好家だけが客となり、生産数は限られ、フォロワー層を取り込めない。そのため、プレミアムブランドとしての「高収益商売のうまみ」も得られない。

ルイ・ヴィトンやシャンパンのモエ・エ・シャンドン、時計ではタグ・ホイヤー、ウブロ、ブルガリなどを擁《よう》するＬＶＭＨは、売り上げの11・３％を広告・ＰＲ活動に使っている（２０１６年）。カルティエ、ＩＷＣ、パネライ、ランセル、ダンヒルなどを擁するリシュモンも10・５％

程度を使っているのだ（2017年3月期）。

通常の大手メーカーの広告宣伝費は売り上げの2～5％程度と考えられるので、この割合はかなり高い。彼らは、富裕層しか購入できないような高価な商品を扱っているにもかかわらず、テレビや新聞といったマスメディアにも出稿する。いかに幅広い認知とイメージ作りを重視しているかがわかる。

先日も日本経済新聞にドン・ペリニヨンが見開き2面の全面広告を出していた。主たる価格帯が1000万円以上の新興の超高級時計ブランド、リシャール・ミルでさえ全面広告をそれなりの頻度で出しており、価格も明示している。どのようなポジションのブランドであるかを一般の人にも浸透させるためである。

実際の購入者にだけメッセージが届けばよいのであれば、新聞などに広告を打つ必要はないはずだ。

前述した通り、ロレックスはF1、ヨットレース、テニス、ゴルフといったスポーツイベントに積極的に協賛している。最近のF1レースを見ていると、どのサーキットでもロレックスのロゴが目立つ。ロレックスがF1の公式タイムキーパー、公式時計になっているからだ。サーキットにある看板だけでなく、テレビ画面上のタイム表示の際もロレックスロゴが挿入される。したがって世界中のテレビ中継の視聴者は、否が応でもロレックスのロゴを目にすることになる。

伝統あるル・マン24時間レースでもロレックスが公式タイムキーパーである。ウィンブルドンでは1978年から公式タイムキーパーとなっている。ステータス性の高いスポーツイベントに協賛することで、ステータスイメージを保ちつつ幅広い層に認知を促進するためにほかならない。

フェラーリ・ワールド・アブダビ

フェラーリのテーマパーク

フェラーリは2010年、アブダビのF1サーキット隣接地に敷地面積8万6000平方メートル（東京ドームの約2倍）という大規模なテーマパーク、フェラーリ・ワールドを作った。アブダビ国際空港にも近く、巨大なフェラーリロゴが描かれた屋根があり、飛行機に乗っていると離着陸の際に見ることができる。時速240キロまで5秒というF1並みの加速が体験できるという世界最速のジェットコースターをはじめ、F1やモータースポーツに関連したアトラクションと、フェラーリの歴史を学べる映画館、フェラーリのヒストリックカーを並べたミュージアムゾーン、フェラーリグッズを売るショップなどがある。

2017年には、バルセロナ郊外の大規模遊園地ポート・アヴェンチュラに隣接する土地に第2のフェラーリテーマパーク、フェラーリ・ランドをオープンした。こちらは敷地面積7万5000平方メートル、目玉のアトラクションはやはり超高速コースターだ。もちろんミュージアムもあり、フェラーリの歴史を含めた総合的なブランド体験ができるようになっている。第3のテーマパークは中国で計画中らしい。

また、フェラーリは車を売らない店もたくさん展開している。フェラーリロゴの入ったグッズのみを売るフェラーリ・ストアという形態で、世界各地に出店している。ミラノやドバイにある大型店にはF1シミュレーターも備えられ、F1の疑似体験ができるようになっている。日本にはまだないが、アジアでは香港、マカオ、上海、シンガポール、クアラルンプール、バンコクでオープンしている。ほかにもロシア、ウクライナ、アゼルバイジャン、カザフスタンなどでもオープンしており、フェラーリの知名度の低いエリアの開拓を重視しているようだ。

フェラーリはなぜ、このような施設を作るのか。フェラーリの知名度を広く一般レベルで高めるとともに、子供の頃からフェラーリに憧れを抱かせることが狙いと考えられる。

フェラーリに憧れる人が増えれば増えるほど、ステータスシンボルとしてのフェラーリの価値は高まり、結果として「手に入れたい」と思う富裕層は増えるだろう。将来、富裕層になるかもしれない若年層に対する布石にもなっているというわけだ。

1台3億円と高価で、ごく少数しか販売しないブガッティも、自動車専門誌の記者に試乗させて試乗記を書かせるし、ＢＢＣ（イギリス公共放送）の人気自動車番組トップ・ギアに対して試乗車とテストコースを用意し、時速４００キロチャレンジを番組で実施させた。このスピードで走らせると1セット２５０万円するというタイヤが15分しかもたないというから、大変なコストがかかるにもかかわらず、である。

幅広く認知と理解を促進することで、ブガッティ・シロンに乗っていると世間が「あの人は3億円の車に乗っている」と見てくれるようになる。最高速４００キロの車に実用上の価値はまったくない。買っている人は社会的ステータスの表現と自己満足のためだけに買っているといっても過言ではないのである。そのために社会的認知は必要不可欠なのだ。

強いプレミアムブランドの条件

強力なプレミアムブランドの強さの源泉は、そのブランドの持つ信念、方向性の明確さである。それに基づいて製品は作られているから、ブランドの存在意義はいっそう明確になる。コミュニケーションなどを通じてそれが社会的に浸透すると、そのブランドの社会的な意味（社会におけるポジショニング）もクリアになってくる。

強力なプレミアムブランドは、その存在意義と製品作りの方向性、コミュニケーションの内容、売り場の雰囲気などが統一されていてブレがない、という点も強調しておきたい。トレンドや流行に左右されず信ずるものを追求する。そのブランドイメージは誰から見ても統一されるし、社会的な意味合いも長期にわたって維持される。

社会的なコンセンサスがあるほどブランドイメージがはっきりしていると、客はそのブランドの持つイメージを自己に重ねて買っているわけだから、容易に他のブランドにスイッチしなくなる。ロイヤリティが高まれば高まるほど価格競争にさらされなくなり、コストダウンや効率化はそのまま収益の増加につなげられる。その収益を元に製品はより改善され磨き込まれていき、独自性と価値はさらに高まっていく。

社会的に強いブランド力を持ったブランドには、本質を理解していなくても、確立されたブランドイメージへの憧れで買ってくれるフォロワー層も多数発生し、販売量も増加していく。第1章冒頭に書いたメルセデス・ベンツを買った筆者の友人がまさにそれにあてはまるし、グランドセイコーよりロレックスに漠然と憧れる人が多いのも、これが理由である。

販売量が増加すればさらなるコストダウンや効率化が進めやすくなるし、その収益で世界的なプロモーション活動も展開できるようになり、ブランド力を高めて憧れを持つ人を増やすことができる。ブランド力が高まれば、顧客の心理的満足度も高まり、より高価な値づけも可能となっていく。

このような好循環を築き上げたブランドこそが、強力なプレミアムブランドなのである。

次章では、こうした欧州プレミアムブランドの強さの要因を踏まえながら、日本企業のブランド運営の問題点について考察していきたい。

第３章　ブランド戦略がない？　日本ブランド

良いものをより安くという美学

多くの日本企業は昭和の高度経済成長のもと、どんどん作ってどんどん売って大きくなった。国内市場だけでなく、海外市場においても量を求めて拡大していった。終戦直後は品質が今ひとつのものが多く、メイドインジャパンは安物の代名詞だったが、日本人の生活水準が上がり品質に対する要求が厳しくなるにつれ、日本製品の品質は向上していった。しかも日本企業同士の激しいシェア争いの中、コストダウンと品質アップの両方を実現していったのである。

圧倒的に強かったRCAやゼニスといったアメリカのテレビ製造業は、日本メーカーの攻勢により1970年代にはほぼ終焉《しゅうえん》を迎え、家電市場は日本メーカーの独壇場になっていった。カメラもその頃には日本メーカーの独占状態になり、時計も1969年にセイコーがクオーツを発売し、それ以降は日本製品が世界を席巻《せっけん》した。

このように、日本では品質の高い製品を安価に提供することで圧倒的なシェアを得ることに成功し成長した企業がほとんどなので、「良いものをより安く多くの人に」ということが正義であるかのような理念が日本企業には染みついてしまっている。

良いものを作っても、安いものが中心ではそのブランドの「縦軸」のポジショニングは下のほうにならざるを得ない。安くて品質が良いわけだから、当然買ってもらうことはできて大きなシエアは獲得できるのだが、安く作ろうとしているためおのずと質感には限界がある。消費者からは、「実用価値以上の価値のあるもの＝高い金額を出すに値するもの」とは認識されないのである。またそのような形で時間が経過すると、ブランドイメージがその状態で確立してしまい、価格帯イメージも固定化されてしまう。いったんそうなると、その後それより高い価格帯の製品を出しても販売は非常に困難になってしまうのだ。日本企業の生産コストが安かった時代はそれで問題はなかったのだが……。

品質さえ良ければ、という迷信

20年以上前、日本のエンジニアに話を聞くと欧州プレミアムブランドに対する「悪口」をよく耳にした。曰《いわ》く、たいしたものではないものを不当に高く売っている、と。実際比べてみると、日本製品は確かに細かいところまで配慮してまじめに作られているものが多い。

その頃の欧州車は、走行性能こそ優れているものの、プレミアムブランドであっても細かい気配りはされていないものが多かった。1980年代のドイツ車にはカップホールダーやコインホルダーなど存在しなかったし、サイドミラーもほとんど手動式だった。ボディには塗装ムラなどが普通にあり、左右で隙間の大きさが違うなどということも珍しくなかった。故障の発生頻度は日本車とは比べものにならないくらい高く、特に電気系の防湿対策がダメだった。新車の納車から数年もすると電気系にトラブルが発生するケースが多かった。エアコンがもっとも利いて欲しい真夏の渋滞時に利かない車も珍しくなかった。そんな状態でも、「外車」として日本車の2倍以上の価格で売られていたのである。日本人エンジニアから見れば低品質、というのもそれなりに納得できるのが、その当時の欧州車の実態だった。

一方、日本製品はたいへん良くできていて普通に使ううえでは便利で故障も少ないが、無難で個性に乏《とぼ》しいものが多い。実用価値のみを追い求めているからで、「絶対これが欲しい」とか、「自分にふさわしいのはこれだ」とか思わせるパワーに乏しいケースが多い。品質が良くても心に訴えかける魅力に欠ける製品は、単に「良い実用品」でしかない。その原価に基づく〝それなりの価格〟でしか買ってもらえないのである。

また、日本人エンジニアからは「良いものを作ればお客さんには絶対わかってもらえる」という言葉もよく耳にした。確かに故障が少ないなど、実用上の良さ、品質の良さはわかってもらえるが、伝えなければ必要以上の高い金は払ってもらえない。欧州プレミアムブランドは実用価値や品質にももちろん気を配っているが、いかに高く買ってもらうか（しかも客が気持ちよく積極的に）常に多大な努力を払っていることを見落としてはならない。彼らは、ユーザーがそれを所有することによる総合的な「心の満足」をなにより重視している。裏を返せば、「ものの良さ」だけで高いレベルの「心の満足」を与えることは難しいのである。

おもてなしはプレミアムか？

しばしば日本の価値として「おもてなし」という言葉が使われる。東京オリンピック・パラリンピック招致の際の最終プレゼンテーションで滝川《たきがわ》クリステルさんが口にした言葉だ。

確かに日本はおもてなしの文化である。レストランに入ればおしぼりは出てくるし、電車のドアが閉まるときは何通りもの注意があって初めて閉まる。タクシーは止まれば自動でドアを開閉してくれる。空港の荷物受取場では客が取りやすいようにカバンの向きを揃《そろ》えてターンテーブルに載せてくれる。そんな国はほかに存在しない。日本発のプレミアムブランドを考えるとき、まず思い浮かぶのがこの「おもてなし」なのかもしれない。

アメリカで１９８９年に導入され大成功したプレミアムブランド、トヨタのレクサスも、ディーラーでの「おもてなし」を重視したことが成功要因のひとつといわれた。

日本でも欧州プレミアムブランド車が好調な販売を続けていたため、そのマーケットを狙うべく、２００５年にレクサスブランドを導入することとなった。レクサスブランドのポジションは、縦軸的にはトヨタブランドと差別化し欧州プレミアムブランド並みの高さを獲得し、横軸的には欧州プレミアムブランドと何らかの差別化を図る必要があった。そこで横軸の差別化ポイントとして「おもてなし」を掲げたのである。

まずはトヨタブランドとの差別化という意味で、販売店の設《しつら》えを欧州プレミアムブランドのショールームよりはるかに豪華にし、高級ホテル並みのショールームと商談スペースを設けた。このハードウェアとしてのショールームに、ソフトウェアとしての「おもてなし」を最大限に盛り込んだのである。たとえば、客の車が到着するとETC装置を利用して瞬時に顧客名がわかるシステムを導入し、客が店に入るときには「○○様、いらっしゃいませ」と名前で対応できるようにした。各販売店のゼネラルマネージャーにはザ・リッツ・カールトン・ホテルで実地研修を受けさせた。さらに、レクサスカレッジと呼ばれる研修では、小笠原流礼法を取り入れて立ち振る舞い、ものの受け渡し方、礼の仕方、話し方を徹底的に指導した。

そうして発足したレクサスディーラーでは、足を踏み入れた瞬間から笑顔で迎え入れられ、客が豪華な商談スペースに入ると清楚な女性スタッフが跪《ひざまず》きながらおしぼりを渡してくれ、営業スタッフはきちっとした身なりで礼儀正しく接してくれる。納車のときには花束とともに記念撮影をしてくれるらしい。おもてなしのレベルは、自動車販売店としては例を見ないほどのハイレベルなものとなった。

レクサスが日本に導入されたときの「レクサスブランドステートメント」が、広報資料「トヨタの概況　２００６」に記載されている。

レクサスピラミッド

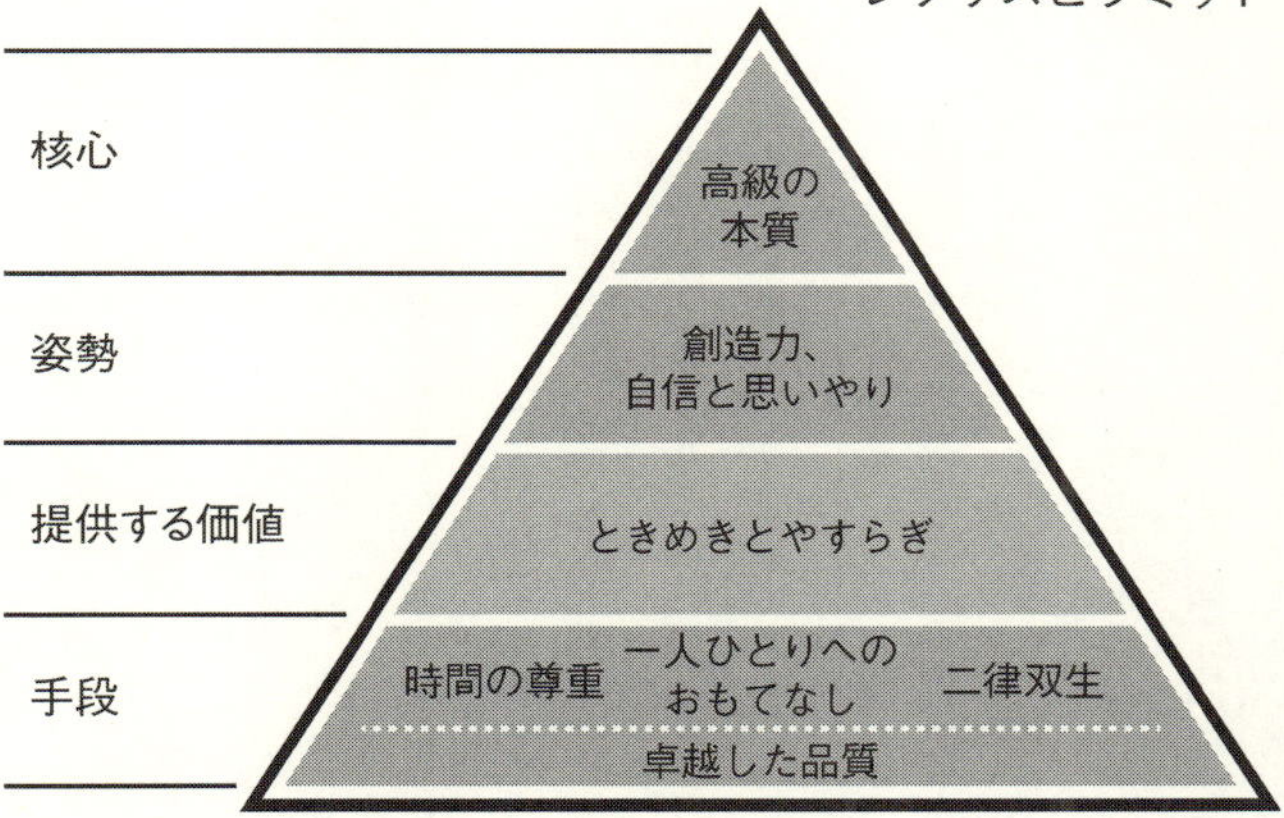

◎私たちは、最高の商品を最高の販売、サービスでお届けし「高級の本質」を追求し続けます。
◎私たちは、「時間の尊重」「一人ひとりへのおもてなし」「二律双生」「卓越した品質」の４つの手段で最高を実現します。
◎私たちは、お客さまがレクサスとともに過ごすいかなる瞬間も、「ときめき」と「やすらぎ」で心満たされることを約束します。
◎私たちは、常に「創造力」を発揮し、「自信」と「思いやり」をもって行動します。

新しいブランドの立ち上げステートメントとして、高級を標榜《ひょうぼう》したうえでのおもてなしは明確だが、かなり抽象度の高いステートメントである。自動車ブランドのステートメントというより、サービス業の行動規範のようにも感じられる。

ステートメントのほかに「レクサスピラミッド」というものがあり、「レクサスの思想を51文字で表現したもの」とある。これは、ブランドステートメントを図にしたものなのだが、はたしてこれでレクサスの思想が理解できるだろうか。

レクサスは2005年8月に開業して話題となり、ディーラーには多くの客が押しかけた。その中にはかなり多くの欧州プレミアムブランド車ユーザーが含まれていた。客はそのおもてなしぶりと豪華なショールームに驚いたが、結果としてレクサスに乗り換えた人はほとんどいなかったらしい。つまり、おもてなしでは車は売れなかったのである。

レクサスが研修先として欧州出自・アメリカ育ちのザ・リッツ・カールトン・ホテルを選んだ理由は不明だが、ホテルであれば、そこで過ごす時間こそが商品のすべてだから、従業員のおもてなしの果たす役割はきわめて大きい。事実、欧米の高級ホテルでもおもてなしのレベルは非常に高い。おもてなしという意味ではアジアの高級リゾートホテルが圧倒的に優れているかもしれない。飛行機の旅も、その機内で過ごす時間が製品のほぼすべてだから、おもてなしのレベルこそが評価ポイントとなる。外国人からも、日系エアラインやシンガポール航空などアジア系エアラインの評価が高いのはそのためだ。

しかし車の場合はどうか。販売店にいる時間は購入時と点検時などほんのひとときである。車はそれに乗っている時間と、乗っていないときは自宅のガレージに収まっている「絵」こそが重要なポイントだ。

レクサスを日本に導入したとき、モデルラインアップはGS、IS、SCの3モデルだった。SCは以前から売られていたソアラのバッジを替えただけ、GSはアリスト、ISはアルテッツァのモデルチェンジ版である。アリストとアルテッツァは、以前から海外ではレクサスGS、ISとして売られていたので、海外視点ではモデルチェンジという位置づけである。したがってGSもISも、前から売っていたトヨタ車のバッジを替えただけの車に見えた。しかもアリストとアルテッツァは、高級というよりスポーティな走りが持ち味の車だったし、ソアラもコンバーチブルのスポーツクーペだから、ショールームに並んでいる車は高級というよりスポーティなラインアップに見えてしまった。

「最高」「ときめきとやすらぎ」をうたう高級仕立てのショールームに対して、製品はちぐはぐな印象をぬぐえなかった。その結果、客はショールームやおもてなしには感銘を受けたものの、肝心の車にはあまり心を動かされることなく終わってしまったのだ。

レクサスのフラッグシップはLS（レクサス導入以前は「セルシオ」）である。アメリカで大成功したのもLSの商品力が最大要因だ。日本への導入に際し、なぜブランドを象徴するもっとも重要な製品であるLSを欠いた状態で立ち上げてしまったのか、非常に謎である。「おもてなし」のレベルの高さを過大評価したのだろうか。

翌年の2006年9月、ようやく新型LSが発売になった。レクサスとしての販売はLSによって大きく伸びたものの、LSの前身である先代セルシオがモデルチェンジ後の最初の通年で3万3000台（2001年）売れたにもかかわらず、LSは1万9000台（2007年）に留まった。GSやISも先代のアリストやアルテッツァより少ない販売台数に留まり、トータルとしてトヨタブランドで販売されていた時代より販売台数は減少することとなった。つまり、レクサスブランドを立ち上げてかえって販売は減少してしまったのである。トヨタの販売店よりレクサスの販売店は大幅に少なく、その販売力の差を埋める「ブランド力」がレクサスには欠けていたのだ。

車というものは、それに乗って世間を走り回るものであり、ガレージに置けばその家のファサードの一部となるものだ。しかもそのブランドイメージ・価格イメージは明確で、それに乗る人の社会的地位や趣味・嗜好を否が応でも表現してしまうものである。その意味ではファッション以上にそれがわかりやすい（特に男性にとっては）。したがって、そのブランドを選ぶことでその人がどう見えるかが車、特に高級車では非常に重要なのである。

それが日本導入時のレクサスにはまったくなかった。車は旧知のトヨタ車とほとんど同じ、バッジが違うだけでそれを選ぶことで何が表現できるのかがまったくわからなかった。レクサスがいかなる特徴を持った車なのか、前記のブランドステートメントで理解できるだろうか。これでメルセデス・ベンツやBMWから乗り換えようという気になるだろうか。

もちろん店頭でのおもてなしは重要ではあるが、それは車のブランドを構成するごく一部にすぎないのだ。

レクサスのアメリカ成功の秘密

それでは、なぜアメリカでレクサスが成功したのかを少々考察してみたい。

まず考慮しなければいけないのは、レクサスが導入された1989年当時のアメリカ市場の状況である。1980年代、ビッグスリーの車の品質は芳《かんば》しくなく、人々の目は信頼性の高い日本車に向けられていた。もちろん欧州車もあったが、前述のように、当時の欧州車の信頼性は今ひとつであった。多少のトラブルは気にしない自動車愛好家は好んでステータス性の高い欧州車に乗っていたが、日常の足として日本以上に信頼性が大切なアメリカでは一般的ではなかった。1970年代初頭までよく売れていたフォルクスワーゲンは、ゴルフをアメリカ生産に切り替えたことが災《わざわ》いし、品質・信頼性とも評判を大きく落としていた。アウディは車が突然暴走するトラブルに悩まされ、売り上げを大きく落としていた。

このような状況の中、日米自動車摩擦が発生したのである。1981年5月には、日本メーカーが「自主規制」という形でアメリカへの輸出を168万台にとどめることになった。この状況に対応するため、ホンダはオハイオ州に工場を建設、1982年11月にアメリカ製アコードがラインオフしたが、まだ大部分の車は日本から輸出していたため、アメリカ市場における日本車の需給は逼迫《ひっぱく》することとなった。

アメリカでの車の価格はディーラーが独自に決めることになっている。MSRP（Manufacturer's Suggested Retail Price）というメーカーの基準価格はあるものの、ディーラー独自の判断で売れる車は高く売り、売れない車は安く売るのだ。

日本のディーラーなら、売れないときはもちろん値引くが、売れ行き好調なときは値引きゼロの定価販売がせいぜいだ。ところが、アメリカの場合は需要が供給を上回るときはディーラーがプレミアム（割増金）を乗せてMSRPより高く売ってしまう。Market Value Adjustmentなどと呼ばれて、店頭の価格表にも掲示される。

当時の日本車、特に人気モデルは軒並みプレミアムがつき、たとえばMSRPが約8000ドルのホンダ・アコードに多いときは2500ドル程度のプレミアムが乗ったらしい。なんとMSRPの3割以上である。この頃、アメリカで日本車を買うということは非常に高くつくことだったが、それでも人々は日本車を欲しがった。日本車の中でもトヨタとホンダは特に人気が高かった。トヨタとホンダは、ちょっとしたプレミアムブランド状態だったのである。

輸出台数を制限された日本メーカーは、1台あたりの単価を上げる必要に迫られた。そんな中、１９８６年、ホンダが「アキュラ」というプレミアムブランドを立ち上げる。

アキュラのメイン車種はレジェンドで、ホンダブランドの上位車種であるアコードの上を行くクラスで人気を集めた。ただしレジェンドはＶ６、２７００cc エンジンで、４０００cc以上のＶ８エンジンが主流のアメリカの高級車市場では十分とは言い切れない車格だったうえ、アキュラはレジェンドだけでなく小型車のインテグラも扱ったので、真にプレミアムとはいえないブランドであった。

そのような背景の中で、１９８９年、アメリカの高級車市場に本格的に切り込むべく、レクサスが登場したのである。

レクサスの目玉製品はＬＳ４００（日本ではトヨタ・セルシオ）である。もう1台、ＥＳ２５０という車種もあったが、日本で「カムリ・プロミネント」という名で売られていた車種を小改良したもので、ほとんど話題にならなかった。というのも、ＬＳ４００があまりに画期的だったからである。

ＬＳ４００はＶ８、４０００ccで、それまでアメリカで売られていた日本車からは考えられないほど上級、ボディサイズもエンジンサイズもアメリカの高級車市場で十分戦える水準だった。とりわけ静粛性《せいしゅくせい》の高さ、振動の少なさは他のいかなる競合車をも凌《しの》ぎ、内外装の仕上がりも欧州プレミアムブランド車の上をいくものだった。

ＬＳ４００は、当時の日本車の人気の理由であった高品質を、とことんまで昇華させた高級車だった。それは、「源流主義」といって、音や振動の発生源から徹底的に対策をする、開発担当の鈴木一郎主査の執念にも近いこだわりが作り上げた車だった。

そのイメージをさらに高める役割を果たしたのが、広告コミュニケーションである。ブランドスローガンは「The Relentless Pursuit Of Perfection」（「完璧への飽《あ》くなき追求」を意味する。Relentless は容赦《ようしゃ》なき、無慈悲な、という意味もある非常に強い言葉）というもので、広告コンテンツはその姿勢を製品ファクトを通じて説得するものであった。テレビコマーシャルではボンネットの上に並べた15個のシャンパングラスタワーがエンジンを高回転まで回してもまったく揺れずにいる様を映し出した。このインパクトは大きく、このときのＣＭは、今でもレクサスを象徴するものとして語り継がれている（２０１７年のスーパーボウルで放映された新型ＬＳのＣＭでも、同じ形のシャンパングラスがモチーフとして使われている。目をこらさないと気づかないレベルだが）。

また、雑誌広告では車の裏側を大きく見せて、見えない部分にまで空力に気を配っていることを訴求した。こうして、レクサスＬＳ４００のハードウェアの優秀性と、妥協を許さない完璧さを目指す開発姿勢を徹底して伝えたのである。レクサスはブランドメッセージと製品の持つファクトが１００％リンクし、発足当初から明確なブランドイメージを確立できたのであった。

レクサスはすぐに、既存のブランドイメージに左右されず本質を見抜く目を持つ人から支持された。知的なユーザー層の共感を得て、あっという間にステータスブランドのひとつとして認知されるようになったのである。

筆者は、２０００年にビバリーヒルズにあるレクサスディーラーを訪ねたことがある。有名なロデオドライブから歩いて10分もかからない一等地にあった。そのとき、整備工場に1台のピカピカのアストンマーティンが置いてあるのが目にとまった。対応してくれた営業マンに聞いたところ、なんとシャロン・ストーンが持っていた車で、彼女はアストンマーティンを下取りに出してレクサスＬＳ４００を買ったのだという。筆者が驚いていると、その営業マンは「レクサスは疑いなく世界で一番の車なのだから当然」と自信を持って語ったのが印象的だった。そのくらい、レクサスは高く評価され、売る側も自信を持ち、ステータスイメージも獲得できていたのだった。

全米で話題になったレクサスの広告

もちろん、前述の通り、ディーラーでのおもてなしレベルもそれまでの常識を覆《くつがえ》すもので、ブランドイメージ向上に貢献したのは確かである。しかし、レクサス成功の本質は、そもそも日本車のイメージが非常に高かった時代背景と、LS400というプロダクトの圧倒的な力、またその本質を見事に伝えた広告の力であると考えるべきだ。

アメリカでの成功は、レクサスというブランドの製品の類まれな優秀性を幅広く知らしめるとともに、所有することでオーナーのステータス性と価値観も表現できる存在となったことが大きい。つまり、このときのレクサスは、強力な欧州プレミアムブランドと同様の構造を獲得することができていたのである。それゆえの成功だった。

一方、ほぼ同時期に導入された日産のプレミアムブランド、インフィニティは自動車評論家のハードウェア評価は高かったにもかかわらず売れなかった。そのコミュニケーションは漠然としたイメージ広告で「高級っぽい」イメージを与えようとしたため本質が伝わらず、真の意味でのブランディングに失敗したのである。

現在のアメリカでのレクサス

アメリカでのレクサスは素晴らしいスタートを切ったが、現在はどうなっているのだろうか。

実は、かつて「スター」であったはずのLSの存在感が非常に薄くなってしまっているのである。2016年のLSの販売台数は、モデルライフサイクルの末期とはいえ、メルセデス・ベンツSクラス、BMW7シリーズはいうにおよばず、少々マニアックなイタリアの高性能セダンであるマセラティ・ギブリよりも少なくなってしまっている。

「完璧への飽くなき追求」という開発姿勢は、LSではそれなりに貫《つらぬ》かれたが、その後追加された車種はあまりそれを感じさせないものが多く、内外観のデザインテーストもまったく統一されていなかった。共通しているのはレクサスのバッジがついていることだけ、という状態が続いた。

「The Relentless Pursuit Of Perfection」というスローガンは、途中、紆余《うよ》曲折《きょくせつ》がありつつ、「飽くなき」という言葉がなくなって「The Pursuit Of Perfection」へと変更となり、メッセージがやや弱まったのもそれを反映してのことかもしれない。

このように、時が経つにつれてレクサスを選ぶことが何を表現するかが曖昧《あいまい》になっていってしまったのだ。高級ブランドとしてのレクサスは定着し、販売台数こそメルセデス・ベンツやBMWと拮抗《きっこう》しているが、販売の主力はカムリの兄弟車であるESやカムリベースのSUVであるRX、ハリアーの兄弟車であるNXといった安価なモデルとなっていった（この3車種で販売の3分の2を占める）。ブランドを象徴する車種が何なのかもわからなくなり、1989年当初の「本質を見抜く目を持ったユーザー」というユーザーイメージも希薄化してしまった。レクサスは結局のところ、「ちょっと上級のトヨタ」という位置づけに落ち着いてしまっているのである。

お客様の声は神の声？

トヨタ自動車には調査部という組織があり、驚くほど多くのユーザー調査を実施して膨大な消費者データを持っている。調査部以外の部署でも独自の調査を多数行っている。しかし、前述した通り、欧州プレミアムブランドは、トヨタとは比べものにならないほど消費者調査が少ない（もちろんやってはいるが、相対的比較で）。筆者はBMWとミニ、プレミアムブランドではないがGMヨーロッパ（オペルブランド）に関わったことがあるが、トヨタを経験した身としては、最初はデータの少なさにびっくりしたものである。GMはアメリカの企業なので、BMWよりはデータ指向ではあるが、それでもトヨタの比ではなかった。

トヨタは消費者データを元に車作りを行う。車作りだけでなくすべての決定にデータを徹底的に重視する。ユーザーから不満点を洗い出し、モデルチェンジごとに改善する。発売前の車を事前に消費者に見せ、改善点を洗い出す。他社で売れている車があると、売れる理由を徹底的に研究して、より消費者に受け入れられる車を作ってしまう。

まさに最大公約数を狙う車作りである。結果としてトヨタの車は、普通の人が足代わりに使うにはとてもいい車となり、たくさん売れることになる。

マスブランド、しかも最大シェアを誇るトヨタの車作りはこれでよいと思う。なるべく多くの人に受け入れられ、たくさん売れる製品であるべきだからだ。

しかし、プレミアムブランドの場合はそうはいかない。調査結果というものはぼんやりと中央（もしくは最頻値）しか示さないので、「人とは違う何か」が重要なプレミアムブランドの観点では、調査からは明確な立ち位置を導き出すことができない。

レクサスの問題点はまさにここにある。LSは、ライバルがメルセデス・ベンツSクラスであるので、Sクラスを意識した車作りがされている。特徴は快適性と静粛性だ。しかしISが属する市場では、量的にBMW3シリーズがライバルであるため、BMW3シリーズを意識して作られ、かなりスポーティな仕立てになっている。GSは、当初は個性的なスタイリングのスポーティサルーンだったが、現在はメルセデス・ベンツEクラスとBMW5シリーズの中間的な位置づけだろうか。それぞれの車種がその市場においてもっとも売れているライバルを意識して作られているので、「レクサス」というブランドを俯瞰《ふかん》したときの背骨にあたるようなコンセプトが非常に見えづらい。

レクサスの売りのひとつはハイブリッドだが、エコを意識したブランドを目指しているのかと思えば、レクサスのハイブリッドはエコを指向したものと高性能を意識したものが混在していて一貫性がない。一方で、超高性能のイメージリーダーカーたるLFAは、フェラーリやポルシェといった欧州他社がハイブリッドのスーパーカーを発売している中で、自然吸気のV10エンジンという古典的な仕立てで登場した。フェラーリを意識して作られたLFAは、フェラーリよりも魅力的なエンジン音で自動車愛好家の受けは良かったが、エコという要素はほとんど感じられなかった。

HSやCT、NXといった比較的安価なモデルはトヨタブランドモデルとの兄弟車であり、レクサスブランドを冠してはいるものの、トヨタとの違いがわかりづらい。デザインこそ最近は「スピンドルグリル」などで共通性を持たせているが、それでさえ「デザイン上の制約となる」という理由で今後はこだわらないという報道もある。

このように、トータルで見た場合の商品ラインアップがバラバラとなっていて、全体として何を目指しているのかわからないのがレクサスの現状である。ある客がISを気に入ったとしても、LSやRXやCTを気に入るとは限らない。車の目指している方向が全然違うからだ。

結局のところ、その車種の属するマーケットの動向やマジョリティの消費者の指向を見て開発するという、トヨタブランドと同じ方法で製品開発をしてしまっているように見受けられる。したがって、個々のモデルには良い点もあり選ぶ理由はあったとしても、そもそも「レクサス」というブランドを選ぶことの意味が存在しないのである。「私はメルセデス・ベンツでもBMWでもなく、レクサスの人だ」と思わせるファクターがないのである。

アメリカで一世を風靡《ふうび》したLSが影の薄い存在になったのも、ドイツのプレミアムブランドメーカーがＬＳを徹底的に研究して同等レベルの静粛性や快適性を備えるようになったからである。「レクサスに乗る、レクサスを選ぶ」ということの社会的意味がほとんど存在しないため、製品上の優位性がなくなるとともに選ぶ理由もなくなってしまったのである。

抽象的なイメージでは成立しない

レクサスは、２０１７年より「The Pursuit Of Perfection」というブランドスローガンを取り下げ、「EXPERIENCE AMAZING」（驚くべき体験を）という新しいブランドスローガンを掲げている。それ以前のメッセージからあまりに変わりすぎており、ブランド資産を捨て去ってしまったかのようだ。もっとも、製品特性上も旧スローガンとの親和性が薄れていたことも確かではあるのだが。

ブランドスローガンの変更に先立ち、広告では２０１３年より「Amazing in Motion」というキャンペーンを展開しており、自動車とは関係がないドローンや宙に浮くスケートボードなどを使ってAMAZING（驚き）を表現している。広告表現としては興味深いが、レクサス車のどこにAmaze（＝驚く）したらいいのかはまったくわからない。また最近では、車種広告であっても言葉が極端に少ないイメージ訴求が中心となっているが、車種ごとに世界観が異なり、トータルとして何を目指しているブランドなのかがわからない。

日本の企業によくあることだが、ブランドイメージとは漠然とした抽象的なイメージのことだと思ってしまっているのではないか。前述したように、日産はアメリカでのインフィニティ立ち上げで抽象的なイメージ先行のコミュニケーションを行うという失敗を犯した。レクサスはアメリカで製品価値をベースに見事にブランドを立ち上げることに成功したのに、その後インフィニティと同じ過ちを犯しているように思えてならない。

筆者は以前、トヨタのある新型車（車名も新しい）の新発売キャンペーンを企画する際、トヨタ宣伝部から「この車は特にこれといった機能的特徴がないので、ブランドで売りたい」と言われて絶句したことがある。その宣伝部担当者は、ブランドとは「なんとなく良さげな、おしゃれなイメージ」のことと理解していた。他の日本企業でも、製品広告とブランド広告を明確に分け、ブランド広告では、抽象的なイメージや耳に心地よい言葉で構成されているものが多い。

欧州のファッションブランドや高級時計などの広告を見てそのように誤解してしまうのかもしれないが、ブランドイメージを築き上げるのはあくまでもの作りの思想とそれを体現する製品である。抽象度の高いコミュニケーションが通用するのは、社会的にブランドイメージが確立した後の話だ。言い方を変えると、漠然としたブランドイメージだけで買ってくれるフォロワー層は、社会的なブランドイメージが完全に確立していないと買ってくれないのだ。抽象的なイメージ作りでブランド、特にプレミアムブランドが作れるとは筆者は思わない。

レクサスブランドの今後

２０１７年、レクサスは最低価格が９万２０００ドル（日本での価格は１３００万円から）という高級スポーツクーペＬＣを発売した。車としてのハードの出来、デザインは内外で自動車評論家筋の評価は非常に高い。続いて発表された新型ＬＳは、歴代ＬＳのイメージとは大きく異なり、かなりスポーティな印象のスタイリングとしてきた。運転席のメーター回りもスポーツカーのようなデザインである。今まではフォーマルなＬＳがブランドを代表してきたはずだが、今度はＬＳをＩＳやＧＳといったスポーティなモデルのテーストのほうに近づけたように思える。

総合的に見て、レクサスをスポーティでダイナミックなブランドにしていこうという意図を感じるが、はたして同様のスポーティ路線のＢＭＷやアウディと異なる独自の立ち位置を築き上げていくことができるだろうか。新型ＬＳは見かけだけでなく、ＬＣのようなスポーツ指向のユーザーも納得できるような走りを実現しているのだろうか。スポーツ指向に転ずるならば、従前の快適・安楽指向のユーザーを切り捨てる覚悟はできているのだろうか。

現車を見るとスポーティに振るのか、後席重視のフォーマルサルーンにするのか、今ひとつ焦点が定まっていないように思える。自動車専門誌の試乗記を読む限り、残念ながら乗り味の面でも新型ＬＳはどっちつかずの非常に中途半端な仕上がりになっているようだ。これでは、いつまでたってもレクサスというブランドを確立することはできないだろう。

LCはデザイン、走りとも玄人筋からは高評価だが、アメリカでの現状は、価格帯的にバッティングするポルシェ911の3分の1程度しか売れていない。2018年の1月と2月は5分の1レベルと差が開いている。ヨーロッパではその差はさらに大きく、10分の1以下でしかない。911は、2018年秋にフルモデルチェンジが予定されており、モデルライフサイクル末期にあるにもかかわらず、である。同様にモデルライフサイクル末期のBMW6シリーズの数字にも及んでいない。

ハードやデザインが良くても、プレミアム領域では社会的なブランド価値が明確でないと買ってもらえないのである。抽象的なコミュニケーションをいくら展開しても、製品の一貫した思想がなければ社会的なブランド価値を形成することはできないのである。

それからもう1点つけ加えるとすれば、レクサスのライバルであるメルセデス・ベンツ、BMW、アウディ、ポルシェ、ジャガー、マセラティなどは、すべてモータースポーツで輝かしい実績を持っているブランドである。特に欧州においてレクサスがステータス性を獲得できない要因のひとつにこれがあげられる。トヨタはル・マン24時間レースなどステータス性の高いイベントに参戦する場合は、レクサスブランドで参戦するべきと考える。モータースポーツは、思い入れが重要になるプレミアムブランドでこそ効果的なものなのだ。特にブランドをダイナミックな方向に持っていきたいのなら、これは必須のアクティビティであろう。

ウォークマン成功の表裏

ソニーは日本を代表する企業であり、日本企業としては珍しくインターナショナルで垢抜《あかぬ》けたイメージもある。しかし直近は、業績こそ回復傾向にあるものの、かつての輝きは失われているように思える。

ソニーはプレミアムブランドになれるポテンシャルを持ったブランドであったが（かつては実質的にはプレミアムブランドだった時代もある）、結局はそうはならなかった。そのいきさつを筆者なりの視点で考察してみたい。

ソニーが世界的に飛躍するきっかけとなったのは、小型トランジスタラジオである。世界初ではなかったが、小型化により携帯性を高め、「ポケッタブルラジオ」としてヒットした。さらにトランジスタの製造品質を高め、より小さいものを提供し続けた。その後小型テレビなど、ソニーらしい「凝縮の美学」で評価を高めることになる。

「凝縮」は「高性能」の方向にも向かい、マイクロホンや携帯型テープレコーダーなど、プロに支持されるオーディオ製品を多数輩出した。またビデオの世界でも、プロ用ビデオ機器が世界を席巻した。

さらにソニーの評価を決定的にしたのが、トリニトロンテレビである。トリニトロン管は独自のアパチャーグリル方式により、他社製のブラウン管より明確に高画質だった。製造コストがかさみ高価ではあったが、高画質を求める層にアピールした。

つまり、1970年代までのソニーは、「凝縮の美学」と「高性能」「プロ用」でブランドイメージを築いたといえる。「凝縮＋高性能」ゆえ、どれも他社製品より高価になる傾向が強かったが、高性能で使いやすく、積極的に選ぶ顧客層に支持された。

高くても売れるため、デザインにも力を入れることができ、ソニー製品は売り場において独特のオーラを示すことになった。定価が高価なだけでなく、割引率も低く、ソニーを買う層は性能やデザインにこだわった「どうしてもソニーが欲しい」という層であり、ソニーを選ぶこと、ソニーを所有することはひとつのステータスであった。アップルの創設者、スティーブ・ジョブズもソニー製品の大ファンだったのである（そのためか、初期のアップル製品には多くのソニー製部品が採用されている）。

筆者も中高生の頃は、カセットデンスケやスカイセンサーを愛用して悦《えつ》に入《い》っていたものである。カセットデンスケは通常のラジカセとは比べものにならないほどの高音質だったし、スカイセンサーの性能とかっこよさは他社製品を圧倒していた。

このようにソニーは、シェアはさほどではなくとも、製品は高性能だが高価、それを買う人は

「価格より性能を選ぶ、こだわりのある層」、というイメージであったと思う。

ソニー自身が意図したわけではないが、結果的にソニーはエレクトロニクス市場の中で「プレミアム」ポジションを得ることになった。当時、競合社は世界的に見ても実質的に日本メーカーのみであり、ほとんどの競合社が「より安く、より多く」というもの作りを行っていたため、そのイメージがより際立っていたともいえる。

しかしながら、良い意味でも悪い意味でも、ソニーという会社およびブランドが大きく変化するきっかけとなったのがウォークマンの大成功であると考える。ウォークマンは１９７９年に発売されたが、それはまったく新しいコンセプトであり、人々のライフスタイルにも大きな変化を及ぼした。

あまりにも影響が大きく、かつ当初は唯一無二の存在であったため、ウォークマンは世界的な大ヒットとなった。ウォークマンはパーソナルオーディオの代名詞にもなったため、その優位性は長く続くこととなった。ウォークマンでソニーは初めて、コンシューマー市場でナンバーワンシェアを獲得できる大型商品を得たのである。

同じ頃、家庭用ＶＴＲ市場も立ち上がりつつあった。１９７５年に発売されたベータマックスは、高画質とコンパクトなカセットサイズでそれなりのシェアを獲得したが、１９８０年に松下電器（現パナソニック）が20万円以下のＶＨＳ方式の普及機を発売してから市場は一気に膨《ふく》らみ、熾烈《しれつ》なシェア争いとなった。性能的にはベータマックスが有利であったが、結果的には販売力・価格競争力とソフト支配力でVHSの後塵《こうじん》を拝《はい》することとなった。

しかし1985年、ソニーはまた画期的な製品を発売する。パスポートサイズのビデオカムコーダー、ハンディカムCCD-TR55である。

まさに「凝縮の美学」を象徴するソニーらしい製品であった。これでビデオカムコーダーの普及が一気に進み、ウォークマン同様、ハンディカムはその代名詞となった。当然、ソニーはシェアナンバーワンを獲得することができた。

高性能だが高価だったトリニトロンテレビにも変化が生じた。1990年代に入ってパーソナルコンピュータが普及期に入り、鮮明でくっきりとした画像を映し出すことのできるトリニトロン管がパソコン用モニターとして脚光《きゃっこう》を浴《あ》び、トリニトロン管の生産台数が飛躍的に上昇したのである。生産台数の上昇とともにコストも下がり、他社のテレビとさほど変わらない価格でトリニトロンテレビを売ることができるようになった。パソコン用モニターとしての高い評価もテレビの販売に寄与《きよ》し、1990年代中頃には、テレビにおいても世界シェアナンバーワンとなった。

このように画期的な商品開発がきっかけとなって、ソニーは1990年代後半にはパーソナルオーディオ、ビデオカムコーダー、テレビの分野で世界ナンバーワンの会社となった。

しかしながら、結果的にこれらの「量的な成功」により、ソニーは当初のプレミアムブランド的な位置づけから、パナソニックと争うようなマスブランドに変質していったのである。それはすなわち、「シェアを守る・伸ばす」ということが経営上の至上命題となり、本質的に普通の日本の家電メーカーのひとつになってしまったのだ。会社の規模は大きくなり、従業員数も大幅に増えていった。社内では「より多く売ったものが偉い」という風潮になっていった。

加えて、1983年には事業部制が導入されており、事業部は製品開発だけでなく、販売にも責任を持つようになった。そうなると、より多く売れるもの、売りやすいものを求める声がさらに大きくなる。シェアを狙う以上、こだわりのない一般層にも買ってもらわなくてはならなくなった。

各事業部は「売り」を優先し、マス市場が求めるようなものをラインアップ的にも、プロモーション的にも中心に据《す》えるようになった。たくさん売ることが目的なので、個性的な商品、超高性能な商品は作りづらくなり、平凡な商品が多くを占めるようになった。デザインにもあまり金をかけられないので、店頭でのソニー製品のオーラは徐々になくなっていった。ソニーの縦軸でのポジションが下がっただけでなく、横軸のポジションも、エッジのない、ぼやけたものになってしまったのである。

何でもソニーブランドで売る

さらに、ソニーは比較的廉価な製品を作っていた子会社のアイワを2002年に吸収合併し、2008年にはアイワブランド製品の製造をやめてしまう。それまでアイワブランドでカバーしていた製品もすべて、ソニーブランドで売ることになった。新興国では安価なアイワブランドがかなり浸透していたにもかかわらず、それもソニーブランドに切り替えなければならなくなった。

高性能な製品がラインアップにあっても、市場で存在感のある商品が廉価なものが中心となってしまえば、ブランドポジションの縦軸は当然下がってしまう。アイワブランドを生かせば、ソニーブランドをある程度高い位置にとどめることができたのに、あえてソニーブランドの底辺を広げてしまったのだ。

2006年にコニカミノルタの一眼レフ部門を買収した際も、ミノルタブランドは封印してすべてソニーブランドとした。一眼レフカメラとしてミノルタは長い歴史と実績があり、そのブランド資産を生かすという方法もあったはずだが、ソニーは自らのブランドを冠すことを選んだのである。筆者はフィルム時代にミノルタの一眼レフを愛用していたので、ちょっと残念な出来事であった。どちらが良かったかは神のみぞ知るだが、ソニーの一眼レフは苦戦することとなり、今ではミラーレス主体の販売となっているのである。

このように、ソニーはプレミアムブランドとしての素質を持っていたにもかかわらず、企業の規模拡大とともにマスブランド化の道を選び、ブランドポートフォリオも活用せずにすべての商品をソニーブランドで展開する道を選んだ。このためソニーブランドの縦軸のポジションが下がると同時に横軸のエッジも失ってしまい、高価格帯の商品の販売で苦戦することとなってしまったのである。特にプレミアムブランドが群雄割拠するオーディオの世界では、素晴らしい高性能製品を出してもソニーブランドでは戦いにくくなっている。テレビの世界でも海外ではサムスンやＬＧに対するブランドイメージ上の優位はほぼ失われてしまっており、今やサムスンやＬＧのほうが高価なモデルが存在する状態となっている。

クオリアという名の失敗

しかし、ソニーはかつての高級高性能路線をまったく諦《あきら》めてしまったわけではなかった。再びプレミアムブランド市場へのチャレンジを行った象徴的な事例が「クオリア」である。

前述の通り、ソニーはマスメーカーの道を進むようになり、性能的に際立った商品も少なくなっていった。その反省から、もの作りに徹底的にこだわり抜いた高価かつ高性能・高品質な製品群として、２００３年にクオリアという新ブランドを立ち上げたのである。当時の出井《いでい》伸之《のぶゆき》会長の発案で、機能やスペックだけでなく「感動価値の創造」を目指した、とされた。レクサスの「EXPERIENCE AMAZING」と共通する抽象性を感じるワードである。

当初発表されたのはHD対応プロジェクタ、SACDオーディオシステム、トリニトロンモニター、小型デジタルカメラの4機種である。驚くべきはその価格で、それぞれ240万円、150万円、130万円、38万円と他のソニー製品とは比べものにならないほどの高価格であった。当時の技術の粋《すい》を集めて作られたものであったが、「高級なソニー」としては価格差がありすぎ、性能差も価格差を納得できるほどのものではなかった。

不幸なことに、エレクトロニクス製品はデジタル時代に突入しており、技術は日進月歩で、これらの商品はすぐに時代遅れになってしまった。加えて、品質上のトラブルも起こり、クオリアの売り上げは惨憺《さんたん》たるものとなった。

このため、ブランド立ち上げの2年後には新規開発が中止となり、その1年後にはクオリア自体が消滅した。

クオリアの失敗は、超高級ブランドを唐突に立ち上げようとしたことにある。ターゲット設定も不明確であり、はたしてそこまで高価なエレクトロニクス製品の需要がそもそも見込めたのかも疑問である。

ブランドポートフォリオ戦略のところで説明した通り、異なるブランドを作る意味は、自社ブランドではアクセスできないターゲットにアクセスすることにある。クオリアはその製品特性上、技術オタク的な層しか関心を惹《ひ》かず、ソニーブランドで十分アクセスできる層でもあった。別ブランドにした意味がまるでない。またそういう層は性能をシビアに見極めるから、クオリア製品は性能に比して不当に高いだけに見えた。このように考えると、成功するはずのないブランドを立ち上げてしまったことがよくわかる。

この失敗のせいで、ソニーは新ブランドの立ち上げに慎重となり、「すべてソニーブランドで」という方向に舵《かじ》を切ることになったのだ。

ブランドの濫造

トヨタ自動車のメインブランドはトヨタである。トヨタのブランドイメージといえば大きい、安心、信頼、高品質、故障が少ない、といったところで、非常に一般的な価値である。それ以外の価値・イメージは車種ごとに大きく異なる。

トヨタはいろいろなニーズに対応するべく、多くの車種を用意している。トヨタのホームページを見ると31種類存在する（乗用車のみ。サブブランドは除いてカウントした。2018年4月現在）。中には、同じ中身ながら見栄えを変えて客の細かな嗜好に合わせたバリエーションもあり（ノア、ヴォクシー、エスクァイアなど）、同じクラスの同じ車型に属しながら複数のバリエーションがあるケースもある（ヴィッツとパッソなど）。これらはテーストを分けて発売している以上、そのテーストの差を理解してもらわないといけないので、それぞれに異なる世界観を作り、別個のコミュニケーションを用意する必要がある。つまり、これらはトヨタブランド下の車種名でありながら、事実上個別ブランドとして扱う必要があるのだ。

フォルクスワーゲンも車種バリエーションはあるが、フォルクスワーゲンブランドとしては同じクラス、同じ車型で複数のモデルは存在しない。たとえばCセグメント（全長が4・2〜4・5メートル程度のコンパクトクラス）のハッチバックであれば、ゴルフしか存在しない。フォルクスワーゲン、という明確なブランドワールドの車であるから、テースト違いのバリエーションなど存在してはいけないのだ。企業としてのフォルクスワーゲンで見れば、ゴルフにはアウディA3、セアト・レオン、シュコダ・オクタビアと兄弟車のバリエーションがあるが、これらはそもそもブランドが違うため、そのブランドのキャラクターに応じた仕立てとなっている。

トヨタは、トヨタブランドの下にさまざまなキャラクターの車を抱えており、しかもこれだけ車種が多いと、すべてを理解して覚えている人はほとんどいないだろう。トヨタの社員でも車名を全部言える人はそれほど多くないのではないか。いくらトヨタのコミュニケーション予算が多いとはいえ、この数では、新発売時以外ではコミュニケーションは非常に手薄となる。新車を発売しても、1年もすると消費者の頭から消えてしまうものが多くなるだろう。

トヨタには車種のブランドのほかに、系列のブランドというものが存在する。トヨタ店、トヨペット店、カローラ店、ネッツ店だ。31の車種ブランドと、系列ブランドとの関係も複雑怪奇だ。一般消費者が認知している車名は、昔からあるものと最近たくさん売れているもので合わせて10もないのではないかと考える。

現在、一般消費者が車を買う場合、自力でネット等で調べる人も多少はいるだろうが、多くの人はたまたま覚えているものの中から選ぶか、近くにあるトヨタ販売店に行って、そこで扱っている車種の中で自分のニーズに合うものをセールスマンに勧められて選んでいるというのが実態だろう。これだけバリエーションを用意しても、結局消費者の側は、どれを買うにしても「トヨタの車を買う」という意識でしかないのではないだろうか。ブランドをニーズに合わせて細分化しているようでいて、消費者から見るとその情報がきちんと伝わっておらず、結局マーケティングコストの無駄に終わってしまっているのではないだろうか。

このように、ニーズに合わせてブランドを細分化しても、きちんとコミュニケーションして認知・理解を促進させないと別ブランドにしている意味がないのだ。これはトヨタに限らず日本の会社によくある状態で、オンワードは婦人服だけで20を超えるブランドを持つが、はたして消費者はそれぞれの違いを理解しているのだろうか。資生堂も化粧品ブランドが20以上ある。ターゲットの違いや機能によってどんどんブランドを作ってしまっているのだ。企業ブランドの下での商品カテゴリー名なのか企業ブランドとは異なる新ブランド（本当の意味でのブランド）なのかが曖昧模糊《あいまいもこ》としているケースも多い。

海外企業でもブランドをたくさん抱えている企業は多いが、それらは主としてフォルクスワーゲンのように他企業の買収によって多ブランド化しているものが多く、それぞれのブランドの価値観が明確で違いもはっきりしている。

第2章でも触れたが、本来新しいブランドを立ち上げることには困難を伴う。欧州企業が新ブランド立ち上げでなく、既存ブランド買収のほうを選ぶ傾向が強いのもそのためだ。白紙から認知を得るところから始めて、ブランドイメージを構築してファン層を築き上げていくというのは時間も費用も莫大にかかるのである。短期間で新ブランドを構築するには、明確かつほかにはない世界観と、それを貫く強固な意志が必要だ。

日本企業は、ブランド価値を曖昧にしか定義せずに次から次へとブランド（のようなもの）を立ち上げてしまい、十分なコミュニケーション予算をつけずに展開し（つけたとしても立ち上がり時期だけ）、結局あまり浸透せずにブランドとして分けている意味がない（＝立ち上げに費用をかけただけ無駄）という結果に陥《おちい》っているケースがあまりに多いように感じられる。日本企業のブランドで、国際的に強いブランドはほとんどが企業ブランドである。結局のところ、「第2のブランド」をグローバルに成功させている日本企業はほとんどないのではないだろうか。

ブランドというものは、そんなに気安く立ち上げるものではないと思う。腰を据《す》えて、お金と時間をかけて育てる覚悟がなければ、かえってお金をドブに捨てることになる。

企業名とブランドは別物

多くの企業では、企業名＝ブランド名である。最近、富士重工業株式会社が株式会社ＳＵＢＡＲＵ（以下スバルと表記する）と社名変更したが、日本では企業名とブランド名を一致させようとする傾向も強い。マツダももとの社名は東洋工業だった。スバルの場合、スバルというブランド名があまりに浸透しているため投資家対策的な観点から変更したということで、その意味では理解できる変更である。スバルはコンシューマー向け製品のすべてがスバルブランドであり、それで大きな問題はない。

しかし世界的には、企業名とブランド名を分けるトレンドもある。代表的な例はアルファベットで、グーグルやユーチューブなど、多くのブランドを傘下に持つ。もともとはグーグルが社名だったが、グーグルという社名では企業体全体を表すにはふさわしくないということで社名変更された。アルファベットはあくまで企業名であって、消費者向けのブランド名はグーグルだったり、ユーチューブだったりで、アルファベットという社名をマーケティングで使うことはない。ハンドバッグで有名なコーチも、２０１７年10月に社名をタペストリーと変更した。ケイト・

スペードなどを買収して傘下に複数のブランドを抱えるようになり、企業体全体を示すのにコーチという社名ではふさわしくなくなったからである。コーチという社名では、ハンドバッグメーカーとしてのコーチしか連想できないからだ。しかし、タペストリーという社名を使うのは企業体全体として見て欲しい相手、つまり投資家と従業員向けであり、消費者向けのブランドはあくまでコーチでありケイト・スペードである。それぞれターゲットも提供価値も異なるから、統一するわけにはいかないのだ。

この「企業名」と「ブランド名」の使い分けで、日本の企業はしばしば混乱を起こしているように見受けられる。

筆者は2002年にトヨタがF1に参戦したとき、参戦前にドイツ・ケルンにあるトヨタF1の本拠地を訪問したことがある。そのときマシンを見てふと疑問に思った。マシンのノーズ先端にトヨタのブランドマーク（楕円形を3つ重ねた、トヨタ車であればどの車にもついているあのマーク）がないのだ。TOYOTAというアルファベットのロゴは書いてあるが、あの楕円のマークはマシンのどこにも描かれていない。そのかわりノーズ先端には、「トヨタF1」専用のロゴが描かれている。市販車でこのロゴがついている車はない（マーケティング上、このロゴが活用できるのはトヨタF1グッズだけである！）。

他社の自動車メーカー系F1マシンには、ホンダをはじめどのマシンでもブランドマークがノーズに描かれている。自動車メーカーとしてF1に参戦する第一義の目的はブランドのプロモーションであるから、ブランドマークを目立つ位置に配するのは当然のはずだが、トヨタはトヨタブランドを（少なくともロゴマークを）プロモートしていないのだ。

F1撤退後、近年トヨタはル・マン24時間レースで活躍しているが、このマシンにもトヨタブランドマークは描かれていない（2018年から描かれるようになったようだ）。この理由は、どうやらトヨタ自動車株式会社のブランドはトヨタだけではないから、ということらしい。ル・マン用のマシンを詳細に見たところ、ダイハツや日野などのグループ企業のロゴが小さく描かれているのを発見したので、この話はどうやら本当なのではないだろうか。となると、トヨタのモータースポーツ活動は、ブランドトヨタではなく企業トヨタとしての参戦ということになる。

しかし、消費者目線で考えれば、トヨタマークがなくても、「トヨタ」という名のマシンで「TOYOTA」と描かれていれば、それはトヨタブランドとしか思わないであろう。レクサスやダイハツのユーザーが、あのマシンを見て自分の車とイメージを重ね合わせることができるだろうか。トヨタがF1なりル・マンなりで優勝したとして、レクサスのブランドイメージが上がるだろうか？　それをレクサスのプロモーションに使えるだろうか？

2016年まで、ル・マンにはポルシェのほかにアウディも参戦していた。ここまで読み進めていただいた方はおわかりのように、どちらもフォルクスワーゲンのブランドであるが、彼らはあくまで別のチームとして参戦しているし、フォルクスワーゲン色はどちらにもまったくない。

トヨタは、企業名とブランドを少々混同していると思う。企業名とブランド名が同じなので混乱しやすいが、企業としてのトヨタはあくまでIR（投資家向け広報）やCSR（企業の社会的責任）の世界の話だ。消費者にとってはブランドこそすべてだ。だから消費者向けのアクティビティはブランドで展開しなくてはならない。そうでなければ複数のブランドを持っている意味がない。

トヨタとレクサスの境界線がいまだに曖昧なのも、このあたりに理由があるように感じる。レクサスはあくまでトヨタの製品であって、トヨタのもの作りの姿勢をより高い次元で実現したもの、という以上の価値を感じることができないし、作り手の側もそのような意識でいるように感じられるからだ。

この企業名とブランドの混乱はトヨタに限った話ではなく、多くの日本企業に見受けられる。たとえばセブン‐イレブンやデニーズやイトーヨーカドーに行くと、大きなセブン&アイ・ホールディングスの看板が掲げられている。テレビコマーシャルでもセブン&アイ・ホールディングスのロゴとサウンドロゴが展開される。社名から考えると、セブン&アイ・ホールディングスは持ち株会社のように見え、組織上もそのように見受けられる。

もし、コンビニもファミリーレストランもスーパーも将来的に共通ブランドにしていきたいということであれば、もっとそれにふさわしい、消費者に馴染《なじ》みやすい名称にすべきで、「セブン&アイ・ホールディングス」という持ち株会社的な社名をマーケティングに用いるべきではない。各事業ブランドを今後も大切にしていくなら、「セブン&アイ・ホールディングス」などという看板は掲げるべきではないと思う。ひとつの店にふたつのブランドがあるようなものだからだ。これはブランドとしては本来使うべきでない社名と、それぞれの事業ブランドをごちゃ混ぜにしてすべてブランドとしてマーケティングしてしまっているという事例である。

有力ブランドを封印してしまう

トヨタだけでなく、日本企業は社員の愛社精神が強すぎるからなのか、企業名をブランドとして大切にしすぎるケースが多い。前述のソニーのケースもそうである。ソニー愛が強すぎて、すべてソニーブランドで売らないと気が済まないというソニー幹部の気持ちが、あのような判断を生んでいるような気がしてならない。ソニーのミノルタのケースのように、日本では企業を買収しても、その企業のブランドを活用するのではなく、封印してしまうケースが多いように感じられる。

昔の話になるが、日産自動車は１９６６年にプリンス自動車を吸収合併した。プリンス自動車は戦前の立川飛行機の技術者が中心となって設立した会社で、優秀な航空技術者出身の社員を多く擁《よう》していた。そのため技術力は高く、グロリア、スカイラインといった優れた中高級車を作り、モータースポーツ界でも大活躍した。

第1章で触れた生沢徹氏が第2回日本グランプリで「スカG伝説」を産んだスカイラインも、「プリンス・スカイライン」である。1960年代末期〜1970年代初頭の日産を代表する高性能モデルであるスカイラインGT－Rのエンジンも、合併前にプリンスが開発したものがベースである。またその技術力の高さから、皇室用の御料車《ごりょうしゃ》の開発も託されており、まさにその社名にふさわしい存在だった（ただし、御料車の納入は日産との合併後であり、車名は「日産プリンスロイヤル」とされた）。

しかし、その技術偏重主義のせいで経営が立ち行かなくなり、当時の通商産業省の思惑もあって日産に吸収合併されることになったのである。合併後、日産はプリンスというブランド名を封印し、プリンスの車は日産グロリア、日産スカイラインとして販売された。

プリンスは中高級車をメインとしたラインアップ、優れた技術力、モータースポーツでの活躍、皇室との関係という、当時の日本の自動車メーカーとしては唯一プレミアムブランドといってもよい位置づけであったのだが、日産の経営陣はプリンスブランドを捨て去ったのだ。おそらく当時の経営陣にはブランド戦略という概念はなく、吸収合併した会社の名前を存続させるなどという考えはまったくなかったのだろうと思われるが、非常に残念な出来事であった。今でも人工的な成り立ちのインフィニティよりも、歴史と伝統という物語性を持つプリンスのほうがプレミアムブランドとしてふさわしいと思うのは筆者だけであろうか。

当社の最高級機はタイ製です

第２章で生産国イメージの大切さに触れたが、日本製品の高品質を支えていた日本の匠《たくみ》が危機に瀕している。現在、日本のメーカーの製品であっても大部分は海外で生産されているのである。ニコンやソニーの一眼レフカメラの多くはタイ製である。オリンパスのミラーレス機はすべて中国製、ペンタックスはフィリピン製である。筆者が愛用しているソニーの高級・高性能コンパクトカメラＲＸ１００Ｍ３とパナソニックのミラーレス機Ｇ７はどちらも中国製である……。

日本ブランドのパソコンも多くは中国製であるが、そもそもパソコンにおけるＮＥＣブランドは今や中国のレノボのものだ。富士通のパソコン事業もレノボに売却された。ＰＣにおいては、ＮＥＣも富士通もすでに中国企業のブランドなのである。

セイコー、シチズン、カシオの腕時計も中国製が多い。それ以外でも、数多くの日本ブランド製品は日本で製造されていない。すべて「安く売る」ことが目的である。もはや「匠」と呼べる熟練工はほとんどタイ人か中国人で、日本では組み立てられないという、笑うに笑えない話もある。

日本人は不思議と、日本メーカーにはこだわるものの生産国は意外と気にしないが、海外では「日本製」に価値を見出す人は多い。

日本人が日本メーカーに期待するのは実用価値だから、品質が確保されていればどこで作られていようとかまわないし、値段が安いほうがいいのかもしれない。しかし海外の人からすれば、日本人がドイツブランド車を買うのにドイツ製にこだわるのと同じことで、品質が高いから値段が高くても日本ブランドのものを買おうとしているわけだから、日本製品の高品質イメージを支えている「まじめで勤勉な日本人」が作ったものでなければ、今ひとつ納得できないのはわかるだろう。このような状態を続けていると、中国や韓国のメーカーの品質が軒並み高まっている中、日本ブランドを選ぶ意味がどんどん失われていってしまうだろう。

このままでは、日本ブランドのプレミアムブランド化はかなり厳しく、いつまでも価格競争に巻き込まれ続けるしかないといわざるを得ない。すべてである必要はないが、一部ブランドは価格競争から離れて、欧州ブランドがそうであるように、日本製にこだわったうえでプレミアムブランド化を目指していかないといけないのではないだろうか。

心の満足を与えていない日本製品

日本製品の品質は高く、良くできている。しかし、それは安くて良いもの、実用価値として良いものにすぎない。「安くて良いもの」を追求するから、過剰な高品質は追求しないし、生産を労働力の安い海外に移転したりする。結果として、海外でいかに安く高品質なものを作るかに企業の力点が移っているかのように見える。

また、プレミアムブランドを作ろうと試みても、ブランドを腰を据えて育てるという考え方がないから、ブランドの確固としたポジションを作ることができない。うまくいきかけても送り手側が飽きてしまって全然違うテーストのものを出してしまったり、ブランドのプロミスさえ全然違うものに変えてしまったりすることすらある。

そのため、客はそのブランドを所有することで「心の満足」を得られたり、感情移入できたりするという領域にまで至ることができない。機能や品質に準じた金額しか払う気になれない。結局のところ、高級品であっても本物のブランド製品よりもお買い得な、「安くて良いもの」にすぎないのが日本製品の現状だと思う。

日本は今や生産コストが高い国であり、これから少子高齢化が一段と進むとさらにコスト高の国となる。大企業は海外生産することで生き延びる可能性はあるかもしれないが、日本国内のもの作りはこのままではじり貧となってしまう。日本ではもうものは作らないという選択肢もあるにはあると思うが、スイスのようにプレミアム製品に特化して、もの作りを復活させつつ高収益構造を作れるポテンシャルは日本には十分あると思う。そのためには、日本ブランドにプレミアム価値をつけていかなければいけない。

もう「良いものをより安く多くの人に」という昭和の考え方は捨てないといけないと思う。そこで次の章では、日本のブランドをいかにしてプレミアムブランドにしていくかということを考えていきたい。

第４章　日本からプレミアムブランドを生み出せるのか

高級品と大衆商品への二極分化

日本でも近年、貧富の差が広がっているが、高級車の売れ行きだけを見ても世界的にも明確に貧富の差が広がっていることを肌で実感する。フォーブスのデータによれば、10億ドル（1070億円。レートは2018年2月現在）以上の資産を持つ「ビリオネア」の数は、2000年の470人から2017年には2043人と4倍以上に増えている。日本も、世界に比べれば変化は少ないとはいえ、野村総合研究所のレポートによれば、1億円以上の金融資産を持つ富裕層の数は、2000年の83万5000世帯から2015年には121万7000世帯と5割増となっている。

このような富裕層の増加は、高級品市場の拡大をもたらしている。日本の高級車市場では、2000万円以上の超高級車の販売台数は、2003年の2003台から2016年には2634台と13倍に伸びている。

ポルシェ、フェラーリ、ランボルギーニ、ベントレーといった超高級車の販売台数は世界的にうなぎ登りである。ポルシェの販売台数は、2000年代初頭の5万5000台前後から2016年は23万8000台と4倍以上に膨《ふく》れ上がっている。ベントレーは、2000年代初頭の1000台程度から2016年は1万1000台と10倍の伸びである。

一方、中流的なものは売れなくなり、Ｄセグメント（全長４・５〜５メートル程度の中大型車）では、メルセデス・ベンツやＢＭＷのようなプレミアムブランド以外のマスブランドの売り上げは大きく低下している。マスブランドはＣセグメント（全長４・２〜４・５メートルクラス）以下の小型車に限定される傾向が顕著である。自動車に限らず、消費の二極分化はあらゆるところで見受けられ、売れているのは高級品か低価格品だ。このような傾向の中で、日本製品はほとんどの場合、「低価格品」の市場に属してしまっているのが現状である。

品質向上著しい新興国製品

日本が得意としてきた自動車や家電の分野で、韓国や中国をはじめとした新興勢の進展ぶりはめざましいものがある。日本にいると気づきにくいが、彼らのプロダクトは安いうえに品質もかなり良くなってきているのだ。

スマートフォン市場では韓国勢や中国勢の存在感が日増しに高まっているが、世界的にはテレビ市場でもサムスンとＬＧが世界のマーケットを席巻《せっけん》し、日本ブランドの存在感が希薄になっている。今話題の有機ＥＬテレビ用パネルを作れるのは韓国のＬＧだけであり、最近有機ＥＬテレビを盛んに宣伝しているソニーもパナソニックも、ＬＧからパネルを購入しているのだ。世界的に見て、最高価格帯にあるテレビは今やＬＧ製である。アメリカ最大の家電見本市ＣＥＳ

(Consumer Electronics Show)に行くと、サムスンやLGのブースは派手で人だかりしているが、ソニーやパナソニックのブースは今ひとつ活気のない印象だ。

　自動車市場でも変化が起き始めている。アメリカでの自動車初期品質調査（JDパワー社実施）で大きな変化が起こっているのだ。

　ちょっと前まではポルシェとレクサスがトップ争いをしていて、上位は日本勢が占めていたのだが、ここ数年韓国勢の向上がすさまじく、2016年にはついにキアが1位になった（2位はポルシェ）。2017年はキアが1位を維持しつつ、2位にはヒュンダイが2015年に立ち上げたプレミアムブランドのジェネシスが入っている。韓国勢のワンツーフィニッシュである。3位はポルシェで、日本ブランドで最上位は日産の10位である。レクサスは業界平均値にまで沈んだ。これは、トヨタやレクサスのスコアが悪くなったからではなく、韓国勢や欧州勢の不具合発生率が大きく低下しているためである。

　同じJDパワー社のアメリカでの商品魅力度調査（APEAL）でも、ポルシェの1位に続いてジェネシスが2位に入っている。3位はBMW、4位はアウディ、5位はメルセデス・ベンツで、レクサスは8位にすぎず、インフィニティやアキュラはさらに下のほうだ。プレミアム市場においてすら、韓国勢の実力は日本人が思うよりずっと高くなっているのである。また、商品魅力度における欧州勢の強さは盤石で、欧州プレミアムブランドの高いブランドイメージがさらに強化されている状態だ。

自動車専門の調査会社、オートパシフィック社の車両満足度アワード（2017年）でも、ジェネシスG90が総合トップスコアを獲得している。アメリカで非常に大きな影響力を持つコンシューマー・レポート誌は、2018年の自動車ブランドランキングでジェネシスを1位に選定した（2位アウディ、3位BMW、4位レクサス）。

ジェネシスは、フォルクスワーゲングループでベントレー、ランボルギーニ、アウディのデザイナーを務めたルク・ドンカーヴォルケ氏（ランボルギーニのムルシエラゴとガヤルドは彼の作品である）をチーフデザイナーとして引き抜き、デザインも売りのひとつとなっている。ヒュンダイでは、アウディTTのデザイナーとして有名なペーター・シュライヤー氏がデザイン部門のトップとして経営にも深く関与しており、ヒュンダイ車および傘下のキア車のデザインレベルは著《いちじる》しく向上し、商品魅力度を高めているのである。

またエンジニアリング面においても、BMWからアルベルト・ビアマン氏を引き抜き、R&D部門のトップに据《す》えている。彼はBMW時代にBMW M社のエンジニアリング担当副社長を務め、M3、M4、M5の開発を率いていた人物である。

このように、「安くて品質が良い」という日本のお株を韓国勢に奪われているだけでなく、デザインなど商品の魅力も韓国勢に対して劣勢となってしまっている。このままではいけないことだけは確かである。

「安くて高品質」に無理に固執すれば、必ず収益を圧迫するようになる。数年前まで、日本の家電メーカーのテレビ事業が韓国勢とのシェア争いに対抗しようとして軒並み大幅赤字となっていたのは記憶に新しい。

日本ブランドも、価格競争力が維持できる分野は少なくなっていくと考えられ、欧州プレミアムブランドのような「高価格でも喜んで買ってもらえる」というブランドに変化させていかないと、どんどん厳しくなるだろう。そのためには欧州ブランドのように長期的なブランド育成を見据えたブランド構築戦略が是が非でも必要であり、ブランド構築までにかかる時間を考えると「待ったなし」といってもよいのではないだろうか。

ブランドとは経営そのものである

従来、日本ブランドは価格競争力と高品質で勝負し続けてきた。そのため、明確なブランドアイデンティティを持つものが少なく、定義があったとしても非常に曖昧模糊《あいまいもこ》。取りようによってはどうにでも解釈できるようなものが多かった（第3章で紹介したレクサスのブランド定義は典型的な事例である）。

その理由は、ブランド戦略がトップマネージメントではなく、マーケティング部署の片隅で考えられているケースが多いからと考えられる。商品は商品開発部門が開発し、結果的にできてしまった製品に対してブランド戦略は後づけの辻褄《つじつま》合わせのような形で作られているように見受けられるのだ。要するに、多くの日本企業では、ブランドとは最後の化粧か包装紙のように扱われ、ビジネスの本質ではないと捉えられてはいないか、ということだ。それゆえブランド戦略には説得力が乏しく、ブランド担当部門は商品開発部門や営業部門に対して影響力が行使できないという悪循環に陥《おちい》る。その時々の流行や他社動向に左右されて一貫性のない商品展開となり、ブランド担当者はさらに振り回され、辻褄合わせに奔走《ほんそう》させられ、場合によっては曖昧だったブランド定義すら変更せざるを得なくなってしまう。

欧州プレミアムブランドの例を見ればわかるように、高級品になればなるほど本来ブランドの立ち位置、価値というものが製品開発やマーケティングすべてに大きな影響を及ぼす。

第1章で触れた通り、マス商品は多くの人に買ってもらえればよいので、明確なブランド価値はそれほど必要ない。マス商品で大事なのは流通支配力と知名度と親しみ感だ。ブランドイメージ的には知名度と親しみ感が上がれば基本的によいので、後づけのブランド戦略やコミュニケーション戦略で基本的に問題はない。話題性のあるタレントを使ったり、インスタ映えするイベントでも実施したりして話題になればそれで十分である。競合社も似たような状況であり、基本的には知名度と話題性勝負の戦いである。

しかしプレミアム領域に入ったとたん、それでは通用しなくなる。プレミアム領域のブランドは独自性のある強いブランド力を持つものばかりであり（だからこそプレミアムブランドとして成立しているのだが）、ロイヤリストも多い。客に対し「なぜこちらのブランドを選ぶのか」という理由を明確に示さなければならず、そのためには競合とは異なる明確な価値を持ったブランドアイデンティティが是が非でも必要で、商品や売り場もそのブランドアイデンティティを強く感じさせるものでなければならない。

プレミアムブランドにおいて、ブランドアイデンティティは製品開発からターゲット戦略、流通戦略、価格戦略、コミュニケーション戦略などのすべての根幹をなすものであり、その確立は経営上の最重要課題なのである。曖昧な結論に陥りがちな協議制でやっていてはダメで、個人（ないしは同じビジョンを持つごく少数の集団）の強い意思とそれを実行できる環境が必要だ。つまり、ブランドアイデンティティを決定し、理解し、推進する人自身がそのブランド経営のトップに立たないとプレミアムブランドは成立しないのである。

価値あるブランドの創造は難しい

強いブランドとなるためには確固たる意思が必要だが、それゆえ、すでに企業文化が完成してしまっている会社が価値の異なるまったく新しいブランドを生み出すのは難しい。特に日本企業の経営トップは生え抜きが多く、その企業文化の象徴ともいえる存在になっている。まったく異なる価値を見出したり認めたりするのは想像以上に難しい。

レクサスの場合はほかに拠《よ》り所《どころ》がないため、結局のところ提供価値はトヨタと同じ安心・信頼・高品質・手厚いサービスとなってしまっている。ダイムラーのスマートは、メルセデス・ベンツとはまったく異なる価値の提供に成功したが、ブランド設立にスウォッチが深く関わり、ニコラス・ハイエクの意思が強く働いたことが大きかった。逆に、戦前のブランドを復活させたマイバッハは、「メルセデス・ベンツのさらに上」という以外の意味合いを構築できず、独立したブランドとして成立させることができなかった。

欧州企業がブランドを買《か》い漁《あさ》るのも、明確なブランドアイデンティティをすでに確立しているブランドを買うほうが一から作るよりも確実だからだ。

ファッションの世界では、デザイナーの名前がブランドになっているケースが非常に多い。これはデザイナーという個人の個性がブランドの軸になっているからで、買収されて大きな企業の一ブランドになってもそのアイデンティティは失われずに維持される。というよりも、買収した側はそのブランドの個性を買っているわけだから、ビジネスのためにそれを失わないようにするのは当たり前のことである。

BMWのオフィスに行くと、ドイツでも日本でも多くの人はビジネススーツ姿だが、時々すごくカジュアルな服装をしている人もいる。実は彼らはミニの担当者なのである。BMWの社員であっても、ミニの担当になったとたんミニのブランド価値の下で働く必要があるので、オフィスでもミニブランドらしい服装をしなければいけない決まりなのだ。製品開発も「ミニらしさ」を最優先して開発され、BMWのエンジニアによって開発されているにもかかわらず、BMWとはまったく違う乗り味の製品となっている。このあたりも、ミニという確かなブランドイメージを持ったブランドだからこそだ。BMWがまったく新しいブランドを独自で立ち上げようとしていたら、こううまくはいかなかっただろう。

日本企業がプレミアムブランドで成功しないのは、強い個人の意思に基づいたり、ブランドイメージの確立した既存ブランドの買収によってではなく、市場調査の結果や合議制で「社内的に話を通しやすい」新しいブランドを作ってしまうケースが多いからだと考える。

ブランドは管理する必要がある

仮に強い意思を持った個人または少数集団の下で明確な価値を有したブランドが立ち上げられたとしよう。そのブランドアイデンティティに基づく戦略を末端まで浸透させ、ブレのないブランドを構築し維持していくためには、ブランドを管理するためのシステムを作り上げる必要がある。どんなに上層部が緻密にブランド戦略を立てても、末端が勝手なことをやってしまってはブランドイメージはぶち壊しになってしまうからである。

筆者は、以前ソニーの大型液晶テレビ（「ブラビア」というサブネームを使い始めた頃である）を家電量販店で購入し、成約記念品として焼酎をもらったことがある。ブラビアロゴの入った赤い箱に入っていたが、中身は普通の焼酎の瓶だった。高価な最先端の大型液晶テレビを買って、その成約記念品が焼酎ということに強烈な違和感を覚えたものだ。

ソニーの販促担当者がどのような意図で焼酎を選んだのかはわからないが、ブラビアは、それまでのソニーのテレビよりさらに高画質・高性能な液晶テレビのサブブランドとして立ち上がったはずである。その目指すブランドイメージに対して、ブランド管理が末端の販促担当者まできちんと浸透していなかったのではと想像する。

ブランドに関わるすべての人の行動をきっちりコントロールしない限り、このようなことはほぼ確実に起きるのである。

末端までブランドにふさわしい振る舞いをさせるためには、明確なルール作りが必要である。

ＢＭＷをはじめ欧州プレミアムブランドは、ブランド教育をするだけでなく、明確かつ厳密なブランド管理システムを作り運用している。製品開発から販売現場まで、事細かなルールの下、ブランドイメージにブレが生じないよう細心の注意を払い、絶えずチェックをしているのだ。問題が生じた場合は、容赦なく対策を取る。

ブランドをしっかり管理しないと、末端では必ずや場当たり的な行動が生まれ、ブランドの軸はいとも簡単にぶれてしまう。そうなると、そのブランドに対する客の愛着や思い入れも必然的に低下する。ロイヤリティが低下すれば、たちまち収益力も低下してしまう。そのことを忘れてはならない。

ブランドには投資が必要

最新のデータではないが、カンター・メディア社による2014年のアメリカにおける時計ブランドの広告費ランキングがある。ナンバーワンはロレックスで5638万ドル（当時のレートで約67億円）である。2位はブライトリングで4511万ドル（約54億円）、3位はオメガで3449万ドル（約42億円）であり、スイスのプレミアムブランドが上位を占めている。

日本のメーカーはというと、シチズンが2362万ドル（約28億円）で5位と比較的健闘しているが、セイコーは1494万ドル（約18億円）、カシオに至っては344万ドル（約4億円）しか広告費を使っていない。セイコーの広告費は、世界最高峰の時計メーカーとして著名ながら、生産数はごく少ないパテックフィリップより少ない水準である。

スイスの高級時計ブランドはすでに確固たる高い名声を得ているにもかかわらず、イメージ強化のためにこれだけの投資を行っているのだ。もちろん、高い収益率を誇っているからこそ支出できるのだが。十分なブランド力のない日本メーカーが対抗しようとしても、今の広告費ではいつまで経ってもその差を埋められないであろう。

金額だけでなく、メッセージのシャープさも必要である。セイコーでいえば、ハイテクなアストロンもあれば工芸品的なグランドセイコーもあり、製品によってメッセージがまちまちになってしまって、セイコーブランドの骨格が非常に見えづらいという問題がある。この辺りはレクサスと共通する問題である。掲載される製品のデザインアイデンティティがはっきりしているだけでなく、ブランドの世界観が統一されていて、見た瞬間にそれと認識できるスイスのメジャーブランドの広告とは対照的である。

ブランドにとって、統一されたブランド価値の設定は最重要だが、それも伝わらなければ意味がない。多くの人にその価値を理解してもらい、世界観を知らしめるには十分なコミュニケーション投資が必須である。特に新ブランドを立ち上げるときと既存のブランドイメージを大きく変えたいときは、相当量のコミュニケーションが必要不可欠である。

認知・理解が進んだあとでも、ブランド価値をアップデートしながら維持・強化していくためには投資をし続ける必要がある。プレミアムブランドのプレミアム価格には、このブランド維持費が多く含まれているのだ。投資し続けてブランド価値を維持・強化することが、価格は高くても客の「心の満足」を高め、ロイヤリティ向上につながるということを忘れてはいけない。

鍵はシンパをどう作り育てるか

素晴らしい製品であることを理解させても、それだけで買ってもらうことにはつながらない。数多くの選択肢の中で、「私にふさわしいのはこれ」と思わせない限りプレミアム製品としては成立しない。他の高級ブランドにはない価値、思想、キャラクターを備え、商品企画からすべての製品、実際に売る現場に至るまで徹底されて初めて、人々に選ばれるプレミアムブランドになる。

この点が、マーケット主導型で開発されることの多い日本製品の最大の弱点で、克服するには、前述したように経営論・組織論にまで及んで考える必要がある。

独自性ある価値とはまた、時代や流行に左右されず永続的なものである必要がある。第2章で触れたが、トヨタ・プリウスは一時ステータス性を持つことができたが、ハイブリッドシステムに依存していたがゆえに、ハイブリッド車の普及とともに急速にそのステータスを失っていった。テスラも電気自動車の普及に伴い、そのステータス性は失われていくであろう。せっかく投資してブランドを築き上げても、特定の時代にのみ有効なブランド作りでは、やがて「賞味期限」が来てしまうのだ。

独立を目指すグランドセイコー

時計業界で２０１７年、新たな動きがあった。バーゼルワールド（世界最大の時計見本市）でグランドセイコーをセイコーから明確に切り離すという発表があったのだ。

グランドセイコーはセイコーの高級ラインである。しかし今までは、ホームページを見てもグランドセイコーとはどういうブランドなのか、通常のセイコーとはどう違うのか、もうひとつの高級ブランドであるクレドールとどう違うのか、明確な記述がない。さらにわかりにくいのは、グランドセイコーにはクオーツモデル、機械式モデル、スプリングドライブモデルと、メカニズム的に異なる３種類があり、またその３種類のメカニズムはすべて通常のセイコーブランドの製品にも、クレドールの製品にも存在するのだ。

製品そのものを見ても、グランドセイコーには12時下の位置に大きな通常のセイコーロゴが配され、６時上の位置にグランドセイコーのロゴがあるという、どちらが「姓」なのかわからない構造となっていた。

しかし２０１７年以降、今までの「セイコーの最高峰」という位置づけから、セイコーとは異なる独立したブランドを目指していくことになるらしい。

「グランドセイコー」という名のままでセイコーとは異なるブランド価値を作れるのかという疑

問も湧くが、とりあえず製品からセイコーロゴは消え、グランドセイコーのロゴが時計の12時下の「姓」を表示する場所に配された。

新生グランドセイコーの価格帯は20万円から600万円と幅広く、相変わらず3種類のメカニズムを擁《よう》している。プレス資料にはこう記されている。

"The next step forward"、グランドセイコーは独立したブランドとして、セイコーとは異なる別の高みを目指してまいります。

最高峰の時計、時計の真髄を追求するグランドセイコーのコンセプトはそのままに、これまでビジネスシーンが中心だったデザイン領域を、ダイバーズウオッチをはじめとする本格スポーツとレディスが牽引するエレガントウオッチの両面で拡大を進めます。

さらに、プレステージ性の高い18Kゴールドコレクション、プラチナ製などの貴金属仕様を一層充実させ、ラグジュアリーシーンの需要に応えます。セイコーとは異なる独自の世界観を持つブランドとしてグローバル市場で存在感を高めていきます。

「最高峰」ということ以外にキャラクターを感じさせる要素がなく、グランドセイコーの何に惚《ほ》れて買わせようとしているのかがまったく見えない。ビジネス用とスポーツ用とエレガントラインとバリエーションの幅を増やすのはかまわないが、それ以前に、グランドセイコーとは何を目指している時計なのかがわからない。その曖昧さは、第3章で紹介したレクサスのブランドステートメントと似ているともいえる。

ひとまず、セイコーとグランドセイコーを切り離すのは良い判断だと思う。そうしない限り、海外市場で高価なグランドセイコーが売れるようになるとは思えないからだ。少なくとも1万円のセイコー5と同じロゴを外したのは正しい判断だと思う。だが、それだけでは客は動いてくれないだろう。グランドセイコーの持つ独自価値をはっきり打ち出さない限り、「私はロレックスではなく、オメガでもなく、グランドセイコーを選ぶ」という人は出てこないだろう。

もちろん、第1章で触れた通り、グランドセイコーの性能と品質はスイス時計を凌駕《りょうが》するものがあり、それを見極められる一部の時計愛好家には買ってもらえるだろう。しかし一般には、「セイコーの上位ブランド」という意味以外の何かを示さないと、セイコーロゴを外したくらいでは現状と何ら変わることはないだろう。

プレミアム性のあるブランド価値を多くの人に理解してもらい、買ってもらうためには、もっともっとブランドとしてのエッジを立ててわかりやすくしなければダメだ。そして、「グランドセイコーを身に着ける」ことの社会的な意味づけにつながるアイデンティティが必要だ。

その前提として、セイコーブランドはアストロンのようなハイテク路線を、グランドセイコーは機械式の伝統工芸の世界を、といったような明確なブランドの役割分担も必要だと思う。また、セイコー5など、あまりに安価なラインをドロップするといった、痛みを伴う判断も必要だと考える。

シチズンのマルチブランド化戦略

一方で、ライバルであるシチズンは、まったく異なるアプローチを展開中である。シチズンもセイコー同様、多くのサブブランドを抱えており、グランドセイコーのような上位サブブランド「ザ・シチズン」も存在する。グランドセイコーと異なるのは、機械式は中位モデルの一部のみの展開で、ほとんどのモデルは光発電の「エコ・ドライブ」を搭載し、クオーツ時計としての精度を追求している点だ。「ザ・シチズン」のクオーツモデルは年差±5秒とグランドセイコーをも凌駕《りょうが》する精度を誇る。スイス勢との正面対決は避けるという戦略で、最近では薄さ3ミリを切る世界最薄のアナログ時計を発売している。

シチズンはセイコーとは異なり、「ザ・シチズン」も含めて30万円程度を上限とするブランドとし、その上位に「カンパノラ」という別ブランドを用意している。価格帯は25万〜80万円とシチズンブランドより明確に上で、デザインもシチズンブランドとは大きく異なり、機械式だったり複雑機構を備えていたりする手工芸品的なラインアップだ。なかなか魅力的な時計なのだが、

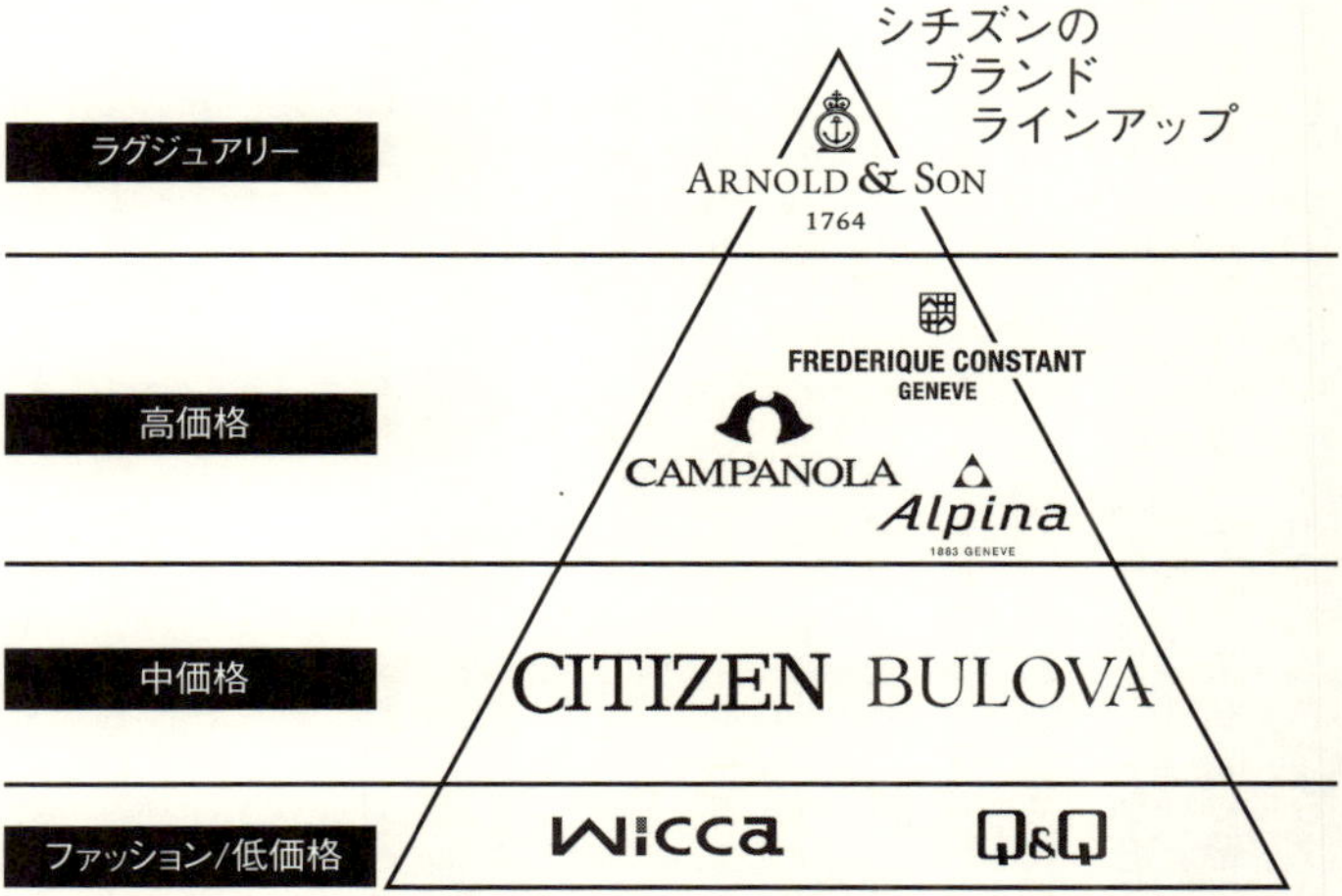

コミュニケーションに力を入れていないため、あまり知られていないのが残念だ。逆に２万円以下の廉価な製品は、Ｑ＆Ｑという別ブランドを展開している（残念ながら、シチズンもセイコー同様、海外ではかなり廉価なシチズンブランドの製品が存在する）。

さらに、シチズンには真の意味での別ブランドが存在する。フォルクスワーゲン同様に、自社とは異なるキャラクターのブランドを買収するという戦略も展開しているからだ。

２００８年、音叉《おんさ》時計で有名なアメリカの時計メーカー、ブローバ社を買収。その音叉時計は機械式の10倍以上の精度を誇り、まだクオーツが一般的でなかった１９６０年代のアポロ計画では、計時装置をほぼすべて供給していた。

現在、プレシジョニストというモデルに採用されたムーブメントは、年差±10秒とグランドセイコーのクオーツモデル並みの精度で、かつ音叉時計へのオマージュとしてセイコーのスプリングドライブのようなスムーズな秒針の動き（毎秒16ステップ）を持つ魅力的なものだが、シチズンが開発したにもかかわらず、ブローバ専用としている。

続いて2012年には、スイスのプロサー社を買収した。プロサー社の傘下には、販売量は少ないものの高級時計のアーノルド&サン（100万～2000万円クラス）やムーブメントメーカーのラ・ジュー・ペレ社も含まれる。前述のカンパノラの機械式時計にはこのラ・ジュー・ペレ社のムーブメントが採用されている。

2016年にはスイスの独立メーカー、フレデリック・コンスタントを買収する。20万～50万円程度の製品を中心とする中価格帯メーカーである（高いものでは400万円程度まである）。フレデリック・コンスタントは老舗のスポーツウォッチメーカー、アルピナも傘下に持っていたので、これもシチズングループのブランドとなった。

これでシチズンは日本、アメリカ、スイス出自のブランドを抱え、価格帯的にも1万円以下の廉価なものから2000万円超クラスの超高級品までカバーするブランド体系を持つに至ったのである。ハイテクのミドルクラス商品に軸足を置く自社ブランドでは、そのブランドイメージを生かしつつ、そのほかの領域では異なるブランドで勝負する。結果としてシチズンの顧客層の幅は大きく広がることが期待できる。

２０１７年４月には、東京のギンザシックスにシチズンが所有するブランドを一手に扱うフラッグシップストアをオープンした。これらのブランドをひとつの空間に並べることがブランド戦略上正しいかどうかは疑問が湧くところだが、筆者はここで初めてアーノルド&サンの素晴らしい時計を見ることができた。現状では、日本ではまだ知名度の低いシチズン保有海外ブランドの認知度を高める効果はあると評価できるかもしれない。

まだプレミアム価格帯での量的な成果も、全体的なシナジー効果も十分には出ていないようだが、今後、経営の効率化が進めば大きな成果が期待できるだろう。

逆境を生かしたマツダ

日本でも本格的に欧州流のプレミアムブランド戦略に取り組み、成果を出し始めているブランドがある。それがマツダだ。

マツダはもともと東洋コルク工業というコルクを作る会社だったが、１９３１年に三輪トラックで自動車の領域に進出した。その後、世界で唯一ロータリーエンジンの実用化に成功するなど、優れた技術を持っていたものの、オイルショック以降そのロータリーエンジンの燃費の悪さが仇《あだ》となって経営不振に陥り、１９７９年にフォードの資本を受け入れることとなった。１９９

6年にはフォードが資本比率を33・4%にまで引き上げ、社長もフォードから送り込まれた。

マツダはフォードグループの一員として、その戦略に基づいて車台やエンジン、部品等の共通化を進めていったのだが、2008年になって、フォードはマツダから手を引き始める。2010年にはフォードの資本比率は3・5%にまで低下。そして2015年には、フォードはすべてのマツダ株を手放すこととなったのである。

フォードとの関係がなくなった以上、マツダは単独で生きていかねばならなくなった。生産台数百数十万台は、独立した量産自動車会社としてもっとも小さい部類に入る。この規模で利益を出せるようにしなければならなくなったのである。

当然、技術開発に割ける予算は限られ、生産できる製品数も制限される。大手に対抗するようなコストでは製造できない。それまではフォードと車台、エンジンや部品の共通化でコストを抑え、ディーラーが大幅値引きのチラシを撒《ま》いて、割安感で数を捌《さば》くという方法を取っていたが、それもできなくなった。

当時のマツダ経営陣は、ここで大きな決断を下すことになる。小さい規模で生き延びていくためにはどうすればよいか。大きな会社とは異なる存在意義を見出し、市場においてユニークなポジションを築き上げるしかない。それは、マツダという会社を一新するといっても過言ではない決断である。この挑戦を明確なリーダーシップを持って主導したのは、2008年から社長に就任していた山内孝《やまのうちたかし》氏である。山内氏はこのような言葉を残している。

「誰も助けてはくれない。だからこそ、マツダはアイデンティティを確立する。生き様は自分たちが決める。そして、その戦略を実行することに尽きる」

マツダのブランド戦略

マツダの製品は、付加価値と独自性あるものとしなければならない。そのために、製品開発をすべてゼロからやり直すことにした。エンジン、ボディ、サスペンションなどを根本的に見直してマツダが考える「ベスト」を追求しようとしたのである。この一連の技術は「スカイアクティブ」と呼ばれている。

とはいっても、取り組める領域には限りがある。ここでマツダは、動力源に関してはハイブリッドやEVの開発は諦《あきら》め、内燃機関の改良に集中するという決断をする。この試みは、後に超高圧縮ガソリンエンジン、低圧縮ディーゼルエンジンなど、独自性の高い技術につながっていく。

次に取り組んだのがブランド戦略である。百数十万台という生産規模は、世界シェア1・5％程度にすぎない。製品そのものは高付加価値商品の方向にシフトすると決めたが、それは同時に価格の上昇も意味し、その製品に見合ったプレミアム性のあるブランド戦略を構築する必要がある。そこで選んだ戦略は、ＢＭＷが１９７０年代に取った戦略と同様な、ターゲットを絞り込む

「シェア2％戦略」である。

つまり、多くの人に支持してもらう必要はまったくなく、世界中の2％の人から強く支持されるブランドになろうという戦略だ。個性をはっきりさせて、数は少ないが「私はマツダが一番好き」という人を作り、その人々を満足させるブランドにしていこう、ということだ。これを読んでいる読者の方が最近のマツダ車にピンときていなくても当たり前のことで、それは98％のほうに属しているからである。

マツダはもともとロータリーエンジンでRX－7というスポーツカーを作り、数は少ないが熱狂的なマニアが存在していた。ロータリーエンジン搭載のレーシングカーで、日本メーカーで唯一、ル・マン24時間レースで総合優勝した実績もある。また1989年に発売した小型オープンスポーツカー、MX－5（日本名ロードスター）には世界中に熱狂的なファンが存在する。つまりマツダは車好き、運転好きの人に支持される素養のあるブランドであった。ただし、そのような特性のある製品は一部モデルに限られ、製品特性が全モデルで統一されていたわけではなかった。

そこでマツダは、車にこだわりを持ち、運転に歓びを感じるような人をマツダブランド全体のターゲットと設定したのだ。それも、すごいスピードでぶっ飛ばすのではなく、車との対話を楽しみながら、日常のドライビングに楽しさを味わうような人だ。騎乗者と愛馬との関係のように、「人馬一体」となって気持ちよく走れる車を求める人たちという考え方である。これは、もともとＭＸ－５の開発思想でもあった。

日常的に運転して「笑顔になれる」車を提供するブランド、これがマツダが求めるキャラクターだ。同じ運転好きをターゲットとしながら、マツダは、アウトバーンの国生まれのＢＭＷとは大きく異なる価値を提供する選択をしたのであった。

パリモーターショーでも「人馬一体」を訴求

ブランドスローガンは、日本では「Be a Driver」（ドライバーになろう）、アメリカでは「DRIVING MATTERS」（ドライビングこそ重要だ）とした。運転の楽しさ、気持ちよさを表現しようというものである。

Be a Driver 広告のコピーをご紹介しよう。

ドライバーとクルマの関係を、
もっともっと深いものへと変えていく。

人と車が息を合わせる。
走る歓びを分かち合い、深い愛着を覚える。

ともに走り、ともに歓び、ともに生きていく。
クルマは、単なる道具ではない。
私たちは、人とひとつになれるクルマをつくっている。

Be a Driver.

この方針は、山内氏をはじめとする経営トップの意思で決められ、その後、全社員が同一のベクトルでマツダの新しいブランドイメージの構築に向けて突き進むことになる。

新生マツダ車のユニークさ

このコンセプトから最初に生まれたのが、２０１２年に発売されたＣＸ－５である。「魂動《こどう》デザイン」という新しいデザインコンセプトを採用、単なる鉄の塊《かたまり》ではなく、生き物のような生命感を持ったデザインを追求した。メインのボディカラーには「ソウルレッド」という美しい赤を選択。エンジンはきわめてユニークな低圧縮ディーゼルエンジンをメインとし、デザイン・色・メカニズムとも日本車としては非常に独創的なモデルとなった。

デザイン決定に際しては、日本の自動車メーカーならどこでも行っている「クリニック調査」を廃止した。これは、発売前の新型車を一般の人に見せてその評価を聞くというもので、結果次第でデザイナーの意思に反してデザインが修正されることになる。廃止すれば、マツダのデザイナー自身がベストと考えるものをそのまま世に問うことになる。幅広い支持にはつながらないかもしれない。しかし、マツダのデザインの思想に共鳴する人からは絶大な支持を集めることにつながる。これも、「2％戦略」があってこその決断である。

その後に発売された一連のニューモデルも魂動デザインを採用し、どのモデルも一目でマツダとわかるものとなった。メインカラーはみなソウルレッドである。世界各地で開催されるモーターショーも、黒の展示空間の中に展示車をすべてソウルレッドで統一し、どの会場でも、マツダの個性はひときわ目立つものとなった。

ソウルレッドはマツダを象徴する色として、もっともよく売れるボディカラーとなった。ほかのメーカーは、売れるのは白と黒が圧倒的であり、赤というボディカラーはほとんど売れない。だが、マツダを買う客は赤を積極的に選んだのである。

またマツダがユニークなのは、前述のブランド思想に基づき、車好き・運転好きをターゲットとしているにもかかわらず、ハイパワーの高性能モデルが存在しないことである。もちろん搭載エンジンによって馬力の大小はあるが、その差は意外なほど少なく、最高出力も同じ排気量の他社エンジンより控えめなくらいである。あくまで公道を常識の範囲で走って気持ちいい、楽しい、というところにこだわった車作りなのである。依然としてさらなるハイパワーや絶対的な高性能を指向しているドイツのプレミアムブランドとは決定的に異なるベクトルである。

今や日本では需要がほとんど存在しないマニュアルトランスミッションをほとんどのモデルで選ぶことができるのも、「絶対的スピードより運転という行為を楽しむ」ことを重視する思想からである。日本では、新車販売の99%がオートマチック車なのだが、マツダユーザーは7・4%がマニュアル車を選んでいる（2016年）。大型セダンのアテンザでも7・3%がマニュアル車なのである（データ：「カーグラフィック」2017年9月号）。極端な言い方をすれば、日本で売られているマニュアルトランスミッションの日本車は、ほとんどがマツダといってもよい状況である。

車体設計でも、ドライバーの運転姿勢を何よりも優先した設計となっており、CX－5以降のマツダ車はどれもステアリングホイールやペダル配置がきちんと正面を向いていて、気持ちのよい運転姿勢を実現している。こう書くと当たり前のことのように思うかもしれないが、これを達成できている車は意外と少ないのである。

アクセルペダルがコストのかかるオルガン式（支点が下にある方式）となっているのも、足の動きとペダルの動きを一致させるためである。オルガン式はブレーキペダルとは動きが異なるため踏み間違いが起こりにくく、フロアマットにアクセルペダルが引っかかることがないという安全面でのベネフィットもある。このオルガン式アクセルペダルは、ドライビングにこだわるポルシェとＢＭＷも伝統的に全車種で採用しているが、他の日本メーカーでは一部高級車を除いてほとんど採用されていない。

エンジンの世界的トレンドは燃費と加速性能に優れる直噴ターボエンジンだが、マツダのガソリンエンジンは爽快な加速フィーリングとエンジン音が味わえる自然吸気エンジンにこだわっている。独自の高圧縮技術で自然吸気でも優れた燃費性能を実現しているのだ。この技術をさらに発展させて、世界で初めて高性能・低燃費を実現できる自然着火（ディーゼルエンジンのように圧縮するだけで自己着火させる）を取り入れたガソリンエンジン（ＳＰＣＣＩ）の実用化にもこぎ着け、２０１８年に市販化される。

マツダの新しい販売方針

ＢＭＷの事例でも触れた通り、ブランドイメージとターゲットを絞り込んだからにはそのイメージにふさわしい「売りの場」が必要である。そのためにマツダは、２０１４年にまったく新しい販売店のデザインフォーマットを作り上げた。

東京では、目黒の碑文谷《ひもんや》店が第１号として２０１５年にオープンしている。黒と木目を基調とした上質かつシックなプレミアム性を感じさせるもので、ソウルレッドの展示車がとても映える空間である。この店舗デザインは、マツダのデザイン担当役員である前田育男《まえだいくお》氏が自ら陣頭指揮を執《と》って作ったものである。各地の販売店もこのデザインフォーマットへの改修が順次始まっており、筆者の家の近くにある販売店も大改修の末、新デザインとなった。新しいデザインの店舗に見慣れると、未改修の店舗があまりにもみすぼらしく、いたたまれなく感じるほどである。

2017年7月には、台湾の台北《タイペイ》市にブランド発信拠点としての機能も併せ持った世界最大規模の販売店をオープンした。もちろん新しいデザインフォーマットに基づいた内外観で、マツダの歴史やエンジン技術など、ブランド理解促進のための展示も設けられている。

販売にあたっても、従来のチラシによる大幅値引きで台数を稼ぐ方法は封印し、一転して値引きは基本的にしない方針とした。車自体の価格もかなり上昇している。デミオは従来、トヨタ・ヴィッツや日産マーチとの競合車で、売れ筋グレードは定価で110万〜120万円程度、値引きが大きかったので実質100万円以下で買える車種だったが、今ではもっとも安いグレードでも138万円、人気のディーゼルエンジン搭載車だと最低でも180万円、装備の充実したグレードだと200万円を超える。しかも、ほぼ値引きゼロで売っているのでかなりの価格アップである。

さらに、ディーゼルエンジン搭載車が販売の半分を占めているので、平均単価は先代モデルより大幅にアップしていると考えられる。アクセラも同様に、先代の１６６万〜２４２万円という価格レンジから１７６万〜３３１万円と大きく上方にシフトしているうえに、高価なディーゼルエンジン搭載車が販売の４割を占めている。

このように、新しいブランド戦略に伴って大幅な販売戦略、価格戦略、商品戦略の変更を行い、その意図通りの販売の実現に成功しているといってよい。はっきりとターゲットを絞ったうえでターゲットにとって魅力的な製品を提供し、販売価格を上昇させるプレミアムブランド化戦略を成功させつつあるのだ。

痛みを伴う戦略変更

このような戦略変更には痛みも伴う。従来の車両本体の安さや値引きによる割安感で買っていた客は、すべて切り捨てる覚悟がいるからだ。２０１２年以降に発売されたニューモデルは、どれも評価が高く、世界的な販売台数は伸びてはいる。国内市場で見ると輸入車からの乗り換えなど今までのマツダでは考えにくかった層も流入しているようだ。しかし、絶対的な販売台数はフォード傘下時代と比べて少なくなっている。

また当然のことながら、情報感度の高い車関心層は発売直後に需要が集中する傾向があるから、発売後時間が経つと売れ行きは悪くなる。以前は大幅値引きによって台数を補っていたのだが、値引きをやめた現在、新車発売のタイミングの影響をもろに受けることになった。

たとえば2016年は、日本市場全体では前年比プラスであったにもかかわらず、マツダは前年比2割ダウンという大幅な販売低下に見舞われた。モデルライフサイクルの関係上、量販車種に大きな商品強化がなかったための結果である。

アメリカでも、ディーラー・インセンティブ（販売奨励金）を大幅に絞っているため、販売台数の大幅ダウンを余儀なくされた。2017年は主力車種のCX－5がモデルチェンジしたため、前年比プラスとなっている。このように商品力強化のタイミングをうまく平準化しないと、年によって大きく販売台数がぶれることになる。その対策として、安全装備等の先進技術はすべてのモデルに逐次投入し、装備を常に最新にアップデートする方針を採り始めている。

マツダの今後の戦略展開

マツダは、前述の世界初SPCCIエンジンをはじめとした「マツダらしさ」を追求する路線をさらに推し進める方針である。噂では、大型セダンのアテンザは、将来BMWのように後輪駆動を採用するようだ。アクセラクラスまで後輪駆動にするという噂もある。これは、「走りの質」を高めるためには、向きを変える車輪と駆動する車輪が別々で、重量バランスも取りやすい後輪駆動のほうが向いているからだ。また、後輪駆動のほうが前輪を前方に配置でき、エンジンの搭載位置も後方にできるため、スタイリング上のプロポーションも良くなるというメリットもある。

加えて、後輪駆動モデル用に直列6気筒エンジンを新たに開発しているという話もある。これも、優れたエンジンフィーリングを重視した選択である。BMWが前輪駆動モデルを増やし、直列6気筒モデルを減らしつつある中、まったく逆を目指す動きで面白い。ロータリーエンジンを復活させてスポーツカーに搭載するという話もある。一方で、ミニバンのような運転を楽しむにはふさわしくないタイプの車は廃止していく方針らしい。

マツダの独自性は、今後ますます磨きがかかっていくであろう。

アウトバーンでも速度制限区間が増え、各国でスピード取り締まりも強化されて、欧州でも猛スピードで走れる道はほとんどなくなっている。それを考えると、マツダの車作りの姿勢が注目される可能性は高く、将来的にはBMWよりマツダのほうが世界的に運転好きの人に好まれるブランドに成長する可能性も十分あると思う。

筆者も、最近のマツダの車作りの姿勢に共感する一人である。筆者が最後に買ったポルシェ、ボクスターGTSは本当に素晴らしいクルマなのだが、性能が高すぎてエンジンが快音を発する領域まで回転を上げると、なんと2速ですら時速130キロを超えてしまう（筆者の車はマニュアルトランスミッション）。日本では高速道路ですらエンジンを十分唄《うた》わすことができない。唄わせば、瞬時に非合法領域に突入である。

ポルシェ界では著名な自動車評論家が2016年に箱根でポルシェ試乗中に事故死したこともあって、高性能車で飛ばすことに疑問を感じるようになった。ほかにも思うところがあり、思い切って2016年12月のマツダ・ロードスターRF発売日に発注して買い換えることにした（納車は2017年2月）。結果として適度なエンジンパワーとコンパクトなボディサイズにより、良心の呵責なく運転を楽しめる道のバリエーションが一気に増えたのである。ポルシェに乗っていたときよりも「笑顔」でいられる時間が大幅に増えたというわけだ。

内装の質感も旧モデルより大きく向上していて、ポルシェから乗り換えても極端に不満を感じることはない。スタイリングもとても魅力的だと思う。

スポーツカーとしての完成度はまだ完璧とはいえず、ステータス感はポルシェとは比べるまでもないが、非常に満足度は高く、ポルシェをはじめとした高性能スポーツカーに対する関心がほとんどなくなってしまったくらいである。そして今では、マツダから発せられるメッセージがとても快く耳に届くようになり、ステアリングホイールの真ん中にあるマツダのブランドロゴが誇らしく感じられるようにすらなった。

イギリスBBCの自動車専門番組トップ・ギアは、そのホームページでマツダを「世界でも本当に数少ない、出来の悪い製品を決して作ることのない自動車メーカー」と評している。アメリカの自動車専門誌 CAR and DRIVER は、「10ベストカーズ」にMX－5（ロードスター）とマツダ3（アクセラ）を3年連続で選んでいる。またイギリスの自動車専門誌 Autocar は、マツダを「もっとも見栄えの良いデザインのカーラインアップを持ったメーカー」と評しており、海外でもその評価は大きく高まってきている。

電動化やハイブリッド化といった自動車業界のマクロの動きに対してはトヨタと提携することで対応し、マツダ自身はあくまで「マツダらしさ」に焦点を絞って突き進んでいくのだ。

連日のマスコミ報道に接していると、時代は内燃機関から電気モーターという流れに移行しつつあるように感じられる。しかし、冷静に考えると、電気自動車は依然として不便で、不安要素も大きい。内燃機関にもまだまだ可能性はある。前述のＳＰＣＣＩエンジンのように効率がより高まれば、当面は火力発電に頼らざるを得ない電気自動車よりもトータルとしての環境負荷が小さくなる可能性もある。マツダとの提携を決めたトヨタ側のメリットはここにある。マツダブランドの今後の発展に注目していきたい。

これからの日本ブランド

これからの日本ブランドにとって重要になってくるのは、プレミアム領域におけるポジションをいかに獲得していくかということだと思う。シチズンのように社外の有力ブランドを買収してプレミアム領域に進出する方法もある。企業経営としてはそのほうが効率的であり、有力な解決策かもしれない。

とにかく、価値のはっきりしたブランドを得ることが重要だ。出自の異なる、個性の明確なブランドを買収すれば、同じグループでもブランドごとにまったく異なる方向に動くようになるのだ。前述した通り、ミニは現在、ＢＭＷのエンジニアによってＢＭＷとはまったく異なる「ミニというブランド」の特性を強く打ち出したプロダクトを生み出している。ＢＭＷエンジニアが作るロールス・ロイスも同様だ。同じように、異なるキャラクターのブランドを持ち得れば、顧客層を大きく広げることが可能となるのである。

では、一方で、日本ブランドそのものをプレミアムにするにはどうするべきか。そのために必要なのが、マツダのような長期的なビジョンを持った総合的なプレミアムブランド戦略である。ここでいうブランド戦略とは、イメージ戦略や広告コミュニケーション戦略のことではなく（もちろんそれも含まれるが）、経営に直結したブランド戦略のことであり、商品戦略や流通戦略も含まれる。

適切なブランド戦略をぶれることなく長期にわたって実行し、市場において独自のポジションを確立し、ロイヤリティの高い顧客を作ることができれば、シェアは低くても十分な収益を狙えるようになる。そのために必要なのは、経営者の意識改革である。ブランドの重要性を認識し、それを核に据えた経営を行わない限り、良いものを作っても高収益に結びつけることは難しい。本体のブランドとは別ブランドとする場合は、本体とは分離し、明確な意思を持った経営者にそのブランド経営を一任しなければならないと考える。

また、プレミアムブランド戦略を実行する場合、あくまでグローバルの視点で展開すべきと考える。国内だけでは需要は限られてしまい、プレミアムブランドとしてのうまみのある経営につながらないからだ。強いプレミアムブランドになるためには個性をはっきりさせる必要もあるが、個性が強ければ強いほど好き嫌いが分かれるようになるため、市場シェアは限られてくる。したがって、ある程度以上の販売量を確保するためには、最初からグローバル視点でブランド設計を行うべきである。

グランドセイコーの事例は、ある程度地盤のある国内では通用するかもしれないが、海外では厳しいように感じられる。もっと突っ込んだグローバル視点のブランド設計が必要だ。

ところで、日本製品のグローバルでのプレミアムブランディングを考えるとき、個々のブランドを考える前に日本製品というブランドイメージ自体を変えていく必要性もあると感じられる。次の章ではその点について考察していきたい。

第5章　「日本」というブランドをプレミアムにしよう！

メイドインジャパンの問題点

「メイドインジャパン」には品質が高いというイメージがある。これは、ほぼ世界中で広まっているると考えていいだろう。中国をはじめとするアジアからの観光客は、「日本製」にこだわってお土産を買って帰るという。日本のブランドであるだけでは駄目で、日本で作られたものでなければならないそうだ。このように、日本で作られた製品には、世界的に非常にポジティブなイメージが存在する。

問題は、この品質イメージに「安くて」「値段の割に」というフレーズがつきまとうことにある。多くの日本企業がこの「高品質の割には安い」というイメージで成功してきたのだから仕方のないことではあるが、このイメージがある限り、個々のブランドでプレミアム化を図ろうとしても、日本出自であることがかえって足かせとなってしまう。

さらに、「高品質の割には安い」の比較対象が欧米製品（特に欧州）であって、ある種その代替品、類似品というニュアンスから逃れられていない。つまり、欧州製品にはない独自な価値を認めてもらえていない、という問題もある。

日本製品が高品質なことは伝わっていても、独自性がなく、ステータス感を伴わないため、一定以上の金額の高級品になると欧州ブランドに勝つことができないのである。

「安くて」のイメージを払拭する

「安くて」を払拭《ふっしょく》するためには、まず手始めとして、日本製品が欧州高級ブランドの最高級品に勝るとも劣らない高級な品質を持つことをプロモートする必要がある。それを支えるもの作りの伝統・匠《たくみ》をしっかりコミュニケーションしなければならない。

今までも日本の匠をプロモートする試みはいくつかあるが、どれも伝統工芸に寄りすぎているきらいがある。日本人が「日本の匠」というと、刀鍛冶《かじ》とか有田焼《ありたやき》とか西陣織《にしじんおり》とかを想起してしまう。それらは確かに素晴らしい製品ではあるが、日本の伝統的土着性に寄った製品であり、世界的な需要を喚起《かんき》できるようには思えない。

刀鍛冶をいくらアピールしても、「日本はサムライ文化だからそういう伝統工芸もあるのね」というだけで終わってしまう。着物をいくらアピールしても、「きれいで素晴らしいですね」とは言ってもらえても、買ってくれる人はほとんどいないだろう。

日本の匠といっても、もっとグローバルな展開ができ、グローバルな需要が期待できる商品カテゴリーにおいて日本の匠を訴求していく必要がある。

車、時計、家電製品、カメラなど、グローバルで大きな需要のある商品カテゴリーでイメージアップをしていかないと、マイナーな商品領域でいくら頑張っても国としてのイメージアップにはつながらないと考える。

たとえば時計であれば、第1章で触れたように、グランドセイコーはスイスクロノメーター規格より厳しい基準を設けているが、海外ではほとんど知られていない（日本でも知っている人は少ないだろう）。知らせるにしてもこれはセイコー独自の社内規格にすぎず、社会的な権威性に欠ける。

日本にもかつて、日本クロノメーター検定協会があり、国際基準（スイスの基準に準じたもの）による認定作業を行っていた。認定を受けたものだけがクロノメーターを名乗れるという制度だったのである。しかし、ほとんどの時計がクオーツ化した１９８４年に解散してしまった。そこで今一度、第三者機関を設置し、国際基準（スイス基準）のクロノメーター規格を上回る日本独自の規格を定めて、シチズンなどのほかの日本ブランドも共通で使えるようにして「スイス対日本」という構図で見えるようにするべきと考える。基準そのものがスイスより日本のほうが高ければ、アドバンテージを取ることができる。

セイコーとシチズンはライバル会社であるが、ことスイスブランドとの競争においては手を結ぶべきであると考える。数社が同じメッセージを発すれば、ブランドコミュニケーションとしてもまとまった量を期待できる。このようなメッセージングをすることで、スイス人を上回る日本人の匠、を印象づけることが可能となり、スイス製品と同等以上の値づけに正当性を与えることができる。また、このイメージが浸透すれば、ほかの日本製品に対してもポジティブな影響が期待できる。

福野礼一郎《ふくのれいいちろう》氏の大作、『クルマはかくして作られる』（カーグラフィック）シリーズを読むと、日本車、特にレクサス車に注ぎ込まれた素晴らしい匠の技の数々を知ることができる。たとえばボディ塗装は、一般的な中塗り↓カラー↓クリアー（透明）という3コートではなく、クリアー塗装を2回行う4コートを採用している。しかもただ2回クリアーを塗るのではなく、1回目のクリアーを塗ったあと、1000番というきめの細かい耐水ペーパー（水をかけながら使う紙やすり）で手作業によって塗装面を平滑にしているのだ。この水研ぎ工程は、中塗り工程（実際のボディカラーを塗る前の下地塗装）でも行われており、レクサス車の塗装は、2回も熟練工による手間のかかる工程を経ているのだ。

最終仕上げの2回目のクリアーはそうした職人による水研ぎされた表面の上から吹きつけられるため、レクサス車の塗装面は他社のものより非常に滑《なめ》らかである。レクサスの塗装面を見たあとでメルセデス・ベンツやポルシェの塗装面を見ると、その違いがよくわかる。日本のポルシェディーラーでは、新車購入者に塗装面の磨きとコーティングを半ば強制的にオプション購入させることで、客の不満を回避しているくらいである。

さらに、レクサスの最終クリアー塗装には「セルフリストアリングコート」という表面のごく細かい傷であれば自己復元するという塗料が使われている。新車時から時間が経過すると、塗装面品質の違いはさらに大きくなるはずだ。

さらに、環境問題から最近のドイツ車はほとんどが水性塗料を使っているが、レクサスの場合、一部は水性ながら最後の仕上げは溶剤系塗料を使っているので、現在では長期耐久性もレクサスのほうが優れているかもしれない。

高級車にはお約束の化粧パネルも、レクサスのものはヤマハの職人によって入念に作られている。たとえばピアノブラックのパネルは、通常は黒く塗ってからクリアー塗装をすることで艶《つや》と光沢を出しているのだが、レクサスＬＳのパネルは本物のピアノの塗装とまったく同じ工程で塗られており、比較すると黒の深みが全然違う。木目ステアリングも高級木製家具で有名な天童木工製である。

このように、素人がぱっと見ただけではわからないが、確実に品質差が生じるこだわりがレクサス車には数多く存在している。しかしながら、一つひとつきちんと説明しないと一般の人に十分に理解してもらうことはできないのだ。

テクノロジーの「匠」

人の手による匠だけでなく、テクノロジーの匠もある。トヨタのハイブリッドシステムは他社のハイブリッドシステムとは根本的に違う。筆者は1997年当時、トヨタの「エコプロジェクト」という大規模広告キャンペーンを担当していたため、プリウスの開発主査だった内山田竹志《うちやまだたけし》氏（現在トヨタ自動車会長）から直接、技術説明をしていただいたことがある。最初は理解できなかったのだが、理解できた瞬間瞠目《どうもく》させられた。

それは「動力分割機構」という画期的なアイデアで、「エンジンで発電した電気で電気モーターを駆動して走らせる」と「エンジンの力そのもので走らせる」の組み合わせをシームレスに変化させて走らせることができるシステムだ。

動力分割機構がトランスミッションに準じた働きも兼ね備えるため、他社のハイブリッド車には必要なトランスミッションがない。エンジンそのもので走らせると効率の悪い低中速域では、主としてエンジンで発電した電気でモーターを駆動して走らせるため、電気モーターを補助的に使うだけの他社のハイブリッドに比べて電気の力で走らせている領域が広い。一方、エンジンの力そのもので走らせたほうが効率的な高速域ではほぼ100％エンジンの力で走れる。ホンダのハイブリッドと日産のeパワーとのいいとこ取りのようなシステムなのである。

このシステムがあるから、トヨタのハイブリッド車は他社のそれより燃費が良い。プリウスより小さく、200キロも軽いボディで、エンジンも小さいにもかかわらず、ホンダ・フィット・ハイブリッドの燃費がプリウスに劣るのはこのメカニズムの違いのためである。

このシステムは、トヨタが特許を握っているから他社は真似できない。欧州各社もハイブリッド車を売り出したが、トヨタのような洗練されたシステムを作ることができず、その水準はホンダよりもさらに大きく下回る。メリット（燃費向上）よりデメリット（バッテリーや電気モーターを搭載する分重くなって運動性能が落ち、トランクが小さくなり、価格が高くなる）のほうが大きくなってしまった。したがってほとんど売れず、現在はほとんどラインアップから落ちている。

最近の欧州勢は、ハイブリッドは諦《あきら》めて充電して走れるＰＨＥＶ（プラグインハイブリッド車）にシフトしているが、ハイブリッドシステムの問題は未解決で、ハイブリッドモードでの燃費は芳《かんば》しくなく、燃料だけで走ると通常のディーゼル車よりも燃費が劣ってしまう。ＰＨＥＶは、欧州ではコンセントから充電した電気で走る分を勘案して燃費データを出すルールなので、データ上では素晴らしく燃費が良いように見える。だから欧州勢は、これまで力を入れていたディーゼルに排ガス問題が発生すると、一気にＰＨＥＶとＥＶという方向性に移ろうとしているのである。

ハイブリッドをエコカーと認定するのをやめて、ＰＨＥＶとＥＶのみを認定するという動きが一部の国であるが、これはその国の自動車産業と密接に関係した政治的な動きなのである。

トヨタが１９９７年の初代プリウスから使っているこのシステムを超えるハイブリッドシステ

ムは、いまだに出てきていない。ところが、トヨタはなぜかこのシステムをあまりアピールしてこなかった。他社にはない、このユニークなメカニズムは、まさに日本の技術の匠が生み出したものだ。20年以上前からあるためか、一部メディアではハイブリッドがすでに過去のもののように扱われているが、今でも燦然《さんぜん》と輝く日本の誇るべき技術なのである。現在のところ、「ハイブリッド・シナジー・ドライブ」（レクサスの場合は「レクサス・ハイブリッド・ドライブ」）が技術名称となっているが、他社のハイブリッドとの違いを明確に感じさせるものではない。

マツダは、トヨタのハイブリッドシステムの供給を受けてハイブリッド車を販売しているが、同じくトヨタと提携関係にあるスバルにも２０１８年から供給するらしい。そうなれば「日本にしか作れない独自のハイブリッドシステム」として独自の技術名称を与えて、メーカーの枠を超えてプロモーションすることも考えられるのではないか。

このようなファクトをベースに、まずは日本製品が欧州プレミアムブランドよりすぐれた品質と技術を有していることを認知させる。これが欧州勢と戦ううえでの第1ラウンドだ。欧州製品と同等以上の価値があり、同等以上の価格だとしても納得できる、と思わせる。このプロセスを経ずして彼らに匹敵するプレミアム性を獲得することはできないであろう。

しかし、これはあくまで必要条件であって、これだけで彼らと同等なプレミアム価値を作れるわけではない。

ZENという可能性

欧州製品ではなく日本製品が積極的に選ばれるようになるには、「自分は欧州製品より日本製品のほうが好き」と思ってもらえるエモーショナルな価値を作っていかなければならない。高品質をベースにしながら、日本ならではのデザイン、もの作りの思想などもある程度ベクトル感を揃《そろ》える必要がある。なにか一目で日本製品とわかるような、デザインにおける特徴、個性を絞り込むべきと考える。

その方向のひとつのヒントとして筆者が思い当たるのは、海外で共鳴する人の多い「ZEN（禅）」という様式である。もちろん禅は、インドで生まれ中国で発展し日本にもたらされたもので、日本固有のものではない。だが、西洋には明治時代以降に日本で発達した日本様式の禅が日本の禅僧によって伝えられたため、日本文化のひとつとして捉えられている。

スティーブ・ジョブズが禅宗に傾注していたことは有名で、若い頃は毎日のように禅堂に通い、結婚式や自らの葬式も禅宗式で日本人僧侶のもとで行ったほどである。龍安寺《りょうあんじ》をはじめとした京都の寺院を何度も訪れ、アップルのプロダクトデザインのあり方にも大きな影響を与えている。優れたプロダクトデザインで有名なドイツ・ブラウン社の全盛期のデザイナー、ディーター・ラムスもZENに魅了された一人である。

フランスではZENという言葉が「静かにする」「落ち着いた」「安らぎ」「健康に良い」などという意味で定着しており、日常会話にも使われているそうだ。和食も含め、日本文化を象徴する言葉として理解されている側面もある。

海外でのZENは、日本人の考える禅の概念を超えて、東洋的な簡素な美しさや自然志向など、西洋文化とはまったく異なる魅力を指し示す言葉、ないしは概念として捉えられている。それが発展して、シンプル（ミニマル）でピュア、ナチュラルといったライフスタイルやデザインコンセプトまでを指すことが多い。

このように、ZENはライフスタイルのひとつとして定着しており、西洋的な装飾主義・物質主義ではなく、日本発のミニマルでスピリチュアルな崇高《すうこう》なライフスタイルとして、インテリジェントで知的レベルの高いものと捉えられている。

海外では、高級ホテルのインテリアデザインとして取り入れられているケースも多い。もっとも象徴的だったのはロンドンにあった5つ星ホテル、ヘンペルホテルで、レセプションルームから部屋、庭に至るまでZENデザインで貫かれていた。多くのセレブに愛され、マイケル・ジャクソンは2006年のロンドン公演の際、このホテルを丸ごと借り切ったほどである。残念ながらこのホテルはその後、高級アパートメント（日本でいうマンション）に転用されてしまった。ホテルをデザインしたアヌースカ・ヘンペル（かつては女優で、映画『女王陛下の007』に出演している）は、世界各地でＺＥＮデザインのホテルや住居や店舗をデザインしている。

最近できたホテルでは、ロンドン・ヒースロー空港の新しいターミナル５に隣接している高級ホテル、ソフィテルの一部インテリアもＺＥＮを強く意識したものだ。パリにもＺＥＮを意識したデザインホテルがたくさんできている。

しかし残念ながら、現在の日本製品は、車でも家電製品でも時計でもカメラでもデザインが煩雑なものが多く、西洋人の考えるＺＥＮを感じさせるものは意外と少ない。せっかく日本発でポジティブ、かつ高いレベルのものとして捉えられている概念があるのに、日本企業はそれを有効活用していないのだ。

その意味では、レクサスも、初代ＬＳ４００はデザイン的にも技術的にも商品特性的にもＺＥＮ的な要素が感じられた。「源流主義」という設計思想はまさにＺＥＮ的である。シャンパングラスが揺れない様《さま》を描いたＣＭは、まさに欧米人の考えるＺＥＮ的な表現だったと思う。しかしながら、レクサスはモデルチェンジを重ねるごとに装飾的・煩雑になっていってしまったように感じられる。高級品ではないが、無印良品（海外ではＭＵＪＩ）が海外で支持されているのは、製品にＺＥＮの要素を感じているからではないかと考えられる。

マツダが２０１７年の東京モーターショーで参考出品したコンセプトカー「ヴィジョン・クーペ」のデザインコンセプトは、これまでの魂動《こどう》デザインを発展させて、「引き算の美学」によりさらに無駄を削ぎ落とした「凜《りん》」としてきた。ミニマルでシンプルな面ながら光の当たり方で刻々と表情が変わり、いつまで見ていても飽きないデザインとなっていた。まさにZENの世界で、ドイツやイギリスの高級車とは明らかに異なる独自の高級車像を実現していたと思う。

2018年1月にパリで開催された国際自動車フェスティバルにおいて、このヴィジョン・クーペがMost Beautiful Concept Car of the Year賞を受賞したように、海外での評判も非常に高い。

コンセプトカー「ヴィジョン・クーペ」

ZENが日本製品のデザインとしてふさわしいと思うのは、日本人が自ら日本的と思うものを押しつけるのではなく、外国人が日本的と考えているもの、しかもそれをありがたく思っているものを日本のアイデンティティとしたほうが圧倒的に効率的だからである。

研《と》ぎ澄《す》まされたミニマルな美しさと圧倒的な高品質感（ZEN＋TAKUMI）。これこそが海外の人々が日本の高級製品に期待していることではないだろうか。彼らはそのような日本文化に憧れを抱いているのだから、素直に利用するべきだ。

このような、彼らの期待する「日本ならでは」というものを感じさせることができれば、ZENライフスタイルを好む欧米人は喜んで日本のプレミアム製品を選ぶのではないだろうか。それこそが、高くても積極的に日本製品を選ぶ理由となり得る。

繰り返しになるが、現在の日本製品は高品質ではあるのだが、佇《たたず》まいに彼らの期待する「日本らしさ」がない。それゆえ、あえて選ぶ理由を見出してもらえない。機能だけで選ばれるマスプロダクトはそれでもいいが、高級品は「あえて欧州製品ではなく日本製品を選ぶ」ためのはっきりとした理由が必要だ。

もっと日本語を大切に

デザインテーストだけでなく、ネーミングも重要だ。日本メーカーのプレミアムラインのブランド名はレクサス、インフィニティ、アキュラ、クレドール、カンパノラなど、横文字のオンパレードである。ブランド名だけでなく、商品名も横文字のものが多い。日本製品が海外に進出したばかりの時代であれば、品質イメージの悪い日本製であることを隠匿したいということで、それも仕方がなかったかもしれない。しかし、すでに時代は変わっている。これではメーカー自ら欧州製品のほうがレベルが高いということを認めて、それにあやかりたいと思っていると受け止められても仕方がない。

欧州製品に追いつけ追い越せ、という価値観は、もう過去のものにするべきだ。これからは堂々と日本製品の独自価値を追求し高めるべきだ。

そして日本発の、欧州のものとは異なる世界観のプレミアムを目指すのであれば、ネーミングは日本由来のものであるべきだと考える。

クールジャパンのプレミアム版を

現在、経済産業省が主体となって「クールジャパン」という日本の文化や製品を世界に広めようという動きがある。アニメや漫画やポップカルチャーなどのコンテンツものをまず思い描くところだが、２０１３年に官民ファンドとして設立された「クールジャパン機構」のホームページを見ると、投資対象としての領域は「コンテンツ」「伝統技術」「おいしい」「おもてなし」「ファッション」「ライフスタイル」と多岐《たき》にわたっている。現在では、日本の魅力を海外に売り込めるものであればすべてが対象のようだ。残念ながら日本製品をどうプロモートしていくのかという戦略性はまったく見えない。

クールジャパンは、アニメなどの他国にはない独自性のあるサブカルチャー的コンテンツを売り込む施策に集中したほうがよいと思う。それとは別にもうひとつ、日本製品をより高価に売れるようにしていく施策も必要と考える。つまり、クールジャパンに加えて「プレミアムジャパン」だ。経済産業省のホームページにクールジャパンの目的として、人口減少による内需の減少への対応策としての海外での需要拡大をあげているが、そのためにも、単に需要を拡大するだけでなく、海外での日本製品の販売価格の向上を果たさないと日本人の生活は豊かにならないと思う。日本ブランドをプレミアム化することを目指した経済産業省主導の取り組みを行うべきであると考える。

しかし、いくら政府主導で取り組んでも、通常の日本製品すべてのイメージを一気に変えることは困難だ（可能にしても時間がかかる）。その対応策として、日本製品の中でも特に品質の高いものを通常の製品とは差別化して見せる方法があるのではないか。一般的にも日本製品のクオリティは高いが、その中にはスーパークオリティの世界最高水準のものがあるという2段階のイメージ作りだ。

たとえば、前述の時計の認定制度なども、政府が公的な基準として設定するのだ。自動車においてもある一定の品質基準以上のものを日本の誇る高品質製品として公的に認定し、家電製品やカメラでもそのような基準を作る。デザイン面でも認定基準ないし認定機関を作り、日本の最高級品にふさわしい佇まいを持つものだけを認定する。当然、すべて日本で作られたものだけが対象である。

このように、日本の高品質な製品の中でも特に優れたものを認定するシステムを構築し、スイスの時計がSWISS MADEと名乗るための条件を厳しく定めているように、公式に認められた超高品質な日本製品のみに、たとえば「NIPPON MADE」とか「JAPAN CERTIFIED（公認）」といったネーミングを与え、それを名乗り、特別なロゴを使用することを許す。そのことで単なる「MADE IN JAPAN」と差別化する。

このような認定制度を作れば、高級品の製造を日本に戻す動きも生まれるであろうし、日本のもの作りの伝統が継承される気運も高まるであろう。

この認定制度とそれを支える匠の技の数々を積極的にコミュニケーションすることで、日本製品の中には、高価だが欧州の最高級品にも勝るとも劣らない特別な製品があることを幅広く認知させ、その認定品の社会的ステータスを大きく高めるのだ。

それを持っているというだけで、その人の社会的な地位と価値観が瞬時にわかるというのがゴールイメージである。その日本製品を持っていれば、経済的にはとても裕福ではあるが、虚飾や尊大さを嫌い、シンプルでナチュラルなライフスタイルを送るインテリジェントな人と見られる、といったイメージだろうか。

最後に：日本ブランドへの期待

日本のプロダクトは、高品質で世界に誇れるものである。しかしその真の価値は、理解されているようで理解されていないのが現状だ。残念ながら、少なくともステータス性は日本製品にはほとんどない。世界中の人から誇りを持って日本製品が積極的に選ばれるようになることを祈らずにはいられない。

レクサスやグランドセイコーにはそのポテンシャルがあると思う。２０１７年に発売されたレクサスＬＣは、エンジニアリング、デザイン両面でメルセデス・ベンツやＢＭＷの競合モデルよりも優れていると筆者は感じている。

ただ、不足しているのは、長期的なビジョンに立った経営的視点のブランド戦略なのである。それがないから優れた製品を出してもその製品限りとなり、ブランド資産として定着していかないのだ。また、ブランドに説得力がなく、時とともにぶれてしまうので永続的な独自性が生まれず、結果として真のロイヤリストが育たないのだ。真のロイヤリストが育たなければ、高価な値づけはできず、「欧州高級ブランドより割安」という存在意義を持つだけの存在に留まらざるを得ない。

そう、長期的なブランドを核とした戦略の有無こそが、欧州プレミアムブランドとの大きな差を生んでいる要因なのである。彼らは自分たちが何者で、何が存在意義なのかをいつでも真剣に考えている。時代が変わっても、変化に合わせて自らの価値をいかに永続させるか戦略を練り、それを実現すべく大変な努力をしている。そして、それについて一番真剣に考えているのが経営トップなのだ。

この課題を解決しない限り、永遠に欧州プレミアムブランドに追いつくことはできない。これは、国のイメージに関しても、個々のブランドに関しても共通する日本の問題であると考える。

おわりに

私は体系的にブランドを学んだ経験がありません。ブランド論の本を何冊か買ったものの、最後まで読み終えることができたのはわずか数冊です。MBAは取得していますが、私が学んだ1988～1989年のビジネススクールでは、ブランドはそれほど重要視されていませんでした。私のブランドにまつわる考え方は、ブランドに関する実際の業務を通じて養われたものです。したがって、ブランド論をきちんと学ばれた方には違和感のある内容もあったかもしれませんが、これが私の実感なのです。

「はじめに」にも書きましたが、トヨタ、レクサス、ソニーという日本を代表するブランドと、BMWという欧州を代表するブランドを業務として体験し、その違いには啞然《あぜん》とさせられました。

日本でもブランド論は盛んですし、電通にもブランドを専門に扱う部署もありました。しかし、日欧を比較すると、ブランドに対する捉え方が根本のところで決定的に異なると感じるようになったのです。

日本企業は（広告会社も含めて）ブランド戦略といいつつ現実にはネーミング戦略やマーケティング戦略といったほうがよい程度にしか取り組んでいないように思えたのです。食品や日用品であればそれで十分なのでしょうが、真の意味でのブランド力が問われるプレミアム領域では、現状では欧州企業に歯が立たないのは明らかでした。

欧州企業のブランド戦略は腹が据《す》わっています。その戦略は長期的です。そして、ブランドアイデンティティを維持することに心血を注いでいます。

このように、日本ブランドと欧州ブランドとの力の差を実感しているとき、２０１４年春のニューヨークモーターショーで新型マツダ・ロードスターのシャーシだけが公開されました。ほとんどの車がモデルチェンジのたびに大型化・高出力化する中、新型ロードスターは大幅に小さく軽くなると予告されたのです。それだけでなく、そのシャーシはとても美しく、またエンジンの造形も魅力的で車好きの心をくすぐるものでした。マツダは低圧縮のディーゼルエンジンなど、独自な技術を展開して注目はしていたのですが、私の心の中でマツダという存在が大きくなるきっかけとなりました。

新型ロードスターは翌年発表され、さっそく試乗に行きました。そして、ポルシェなどの高性能スポーツカーでは得ることのできない楽しさがあることに気づかされたのです。その後、雑誌やネット上で新型ロードスター開発に関わった技術者やデザイナーの話に触れ、この車に対する共感がますます高まっていきました。

それまで私は、車に限らず欧州志向が強く、欧州ブランド好きで、それゆえＭＢＡもアメリカではなく欧州に留学したほどなのですが、このとき日本の自動車ブランドに初めて心の底から共感している自分に気がついたのです。

ロードスターだけでなく、マツダから新しく発表される新型車は、どれも一目でマツダとわかるデザインを持つと同時に、コンセプトも筋が通っており、新型車が出るごとに内外装のクオリティも急速に高まっていました。私の家のそばのマツダ販売店も新しいデザインフォーマットでリニューアルされ、たいへん魅力的になりました。

日本のブランドでも、きちんと設計してきちんと管理すれば絶対に欧州ブランドと同じようなポジションを得ることができる、とマツダを見て、感じて確信したのです。

私は思い切ってポルシェに乗ることをやめ、じっくりマツダとつきあってみることにしました。マツダはブランドとしてまだ発展途上ですし不十分なところもありますが、とても正しい道を歩んでいると思います。私のロードスターＲＦも当初は不満点もありましたが、いろいろ手を入れることでとても魅力的な車に仕上がってきました。

今では愛着も深まり、ポルシェに戻りたいという気持ちはほとんどありません。もはや、マツダが世界でもっともシンパシーを感じる自動車ブランドといっても過言ではありません。マツダには、真の意味でのプレミアムブランドに育ってもらいたいと思っています。
マツダ以外の日本企業も、真の意味でのブランド戦略の重要性に気づいていただき、世界中の人から「高くても欲しい」「自分にふさわしいのはこれだ」と言ってもらえるブランドになって欲しい。そんな、プレミアムジャパンを体現したブランドが日本から数多く出現することを心から願っています。本文に何度も書きましたが、日本企業にはプレミアム商品を作り上げるポテンシャルは十分以上にあるのです。そのために本書がわずかな一助となれば幸いに思います。

２０１８年４月

山崎《やまざき》　明《あきら》

山崎 明

マーケティング／ブランディングコンサルタント。

1960年、東京・新橋生まれ。1984年慶應義塾大学経済学部卒業、同年電通入社。戦略プランナーとして30年以上にわたってトヨタ、レクサス、ソニー、BMW、MINIのマーケティング戦略やコミュニケーション戦略などに深く関わる。1988〜89年、スイスのIMI（現IMD）のMBAコースに留学。フロンテッジ（ソニーと電通の合弁会社）出向を経て2017年独立。プライベートでは生粋の自動車マニアであり、保有した車は30台以上で、ドイツ車とフランス車が大半を占める。40代から子供の頃から憧れだったポルシェオーナーになり、911カレラ3.2からボクスター GTSまで保有した。しかしながら最近は、マツダのパワーに頼らずに運転の楽しさを追求する車作りに共感し、マツダオーナーに転じる。現在はマツダ・ロードスター RFとBMW118dの2台を愛用中。

講談社＋α《プラスアルファ》新書 792-1 C

マツダがBMW《ビーエムダブリュー》を超《こ》える日《ひ》
クールジャパンからプレミアムジャパン・ブランド戦略へ

山崎《やまざき》 明《あきら》

2018年5月17日第1刷発行
2018年6月 4 日第2刷発行

発行者―――渡瀬昌彦
発行所―――株式会社 講談社
東京都文京区音羽2-12-21 〒112-8001
電話 編集（03）5395-3522
販売（03）5395-4415
業務（03）5395-3615
デザイン―――鈴木成一デザイン室
カバー印刷―――共同印刷株式会社
印刷―――慶昌堂印刷株式会社
製本―――牧製本印刷株式会社
本文データ制作―――講談社デジタル製作
本文図版―――朝日メディアインターナショナル株式会社

定価はカバーに表示してあります。

落丁本・乱丁本は購入書店名を明記のうえ、小社業務あてにお送りください。

送料は小社負担にてお取り替えします。

なお、この本の内容についてのお問い合わせは第一事業局企画部「＋α新書」あてにお願いいたします。

Printed in Japan
ISBN978-4-06-511938-9